強制採尿の違憲性

The Forceful Use of the Catheter to Obtain a Body Fluid and the Substantive Due Process of Law

小早川義則

証拠法研究第六巻

成文堂

はしがき

周知のように最高裁昭和五五年決定は、覚せい剤自己使用の被疑者の抵抗を排して強制的に尿を採取した事案につき、その適法性を肯定する実務を追認した。そして筆者は早くからデュー・プロセスの観点からこの問題に関心を抱き、一連の関連論文等を公にしてきたが、アメリカでは管見した限り、強制採尿を実施した事案は見当たらない。現在に至るまでアメリカで強制採尿が実施され、その適法性が直接争われた事案が見当たらないのは、そのような〝良心にショックを与える〟捜査方法は実体的デュー・プロセスに違反することが判例上確立しているからである。被疑者の抵抗を排して強制的にカテーテルを尿道に挿入して体内の尿を採取するというのはまさにショッキングな捜査方法であることは否めないにもかかわらず、強制採尿のデュー・プロセス違反を否定する見解はアメリカ法とは似て非なるものであるとも解しうる。ところがわが国では、デュー・プロセスのいわば旗手である田宮裕氏は、「適正さを欠くとまでいう必要はない」としてデュー・プロセス違反が濃厚な最高裁昭和五五年決定に賛成しているのである。

本書は、このような問題意識の下に一九八一年以降ほぼ四半世紀以上にわたり公表してきた関連論文等を改めて整理した上で、強制採尿の適法性を肯定する最高裁決定およびそれを支持する論者の見解につき、アメリカ法と対比しつつ、その問題点を指摘しようとするものである。ただ、全米で適用される画一的なアメリカ法が成立したのはウォーレン・コート（一九五三–六九年）の〝デュー・プロセス革命〟によること、そして近時アメリカで急増しているいわゆる一九八三条訴訟による一連の損害賠償事件については実体的デュー・プロセスとのかかわりの正確な知識が欠かせないことの二点を強調しておく。とくに後者については実体的デュー・プロセスの意味内容を把握する上で重要不可欠であるにもかかわらず、わが国ではそのことが必ずしも十分に知られていない。一九八三条訴訟に関する旧稿と一部重複する主要判例につき本書でやや詳しく触れることにしたのはそのためである。

また一九八五年のウインストン判決に至る弾丸摘出手術の適否をめぐるアメリカ法にも詳細に言及したのは、わが国でも周知の一九五二年のローチン判決の意味内容を再確認しつつ、強制採尿のローチン判決違反を論証するには欠かせないと思われたからに外ならない。

本書の出版につき、成文堂の阿部成一社長、編集部の篠崎雄彦氏には格別のご高配をたまわり、校正段階では小林　等氏には文字通り誠心誠意お世話になった。また本書の土台となった一連の旧稿のほか本書の原稿整理や浄書についても四〇年近く一貫して変わることのない八津谷由紀恵さんのご協力を得た、厚くお礼を申し上げる。

二〇一八年八月一五日

終戦七三年の日

小早川　義則

目次

細目次

既発表主要関連論文等一覧

1 「強制採尿の適否とアメリカ法の動向」矢野勝久教授還暦祝賀『現代における法と行政』（法律文化社、一九八一年）
2 「強制採尿の適法性」憲法判例百選Ⅰ［第2版］（別冊ジュリスト九五号）（一九八八年）
3 「弾丸摘出手術の適否——アメリカ法について——」名城法学第三七巻別冊（一九八八年）
4 「強制採尿令状による強制連行の適否等」判例評論四四三号（一九九六年）
5 「実体的デュー・プロセス（一—二・完）」桃山法学第四、第五号（二〇〇四—二〇〇五年）
6 「一九八三条訴訟について——合衆国最高裁チャベス判決を契機に——」小高剛先生古稀祝賀『現代の行政紛争』（成文堂、二〇〇四年）
7 「アメリカ刑事判例研究（24）United States v. Lanier, 520 U.S. 259 (1997) ——現職裁判官による性的暴行事件は身体の完全性に対する実体的デュー・プロセスに違反する」名城ロースクール・レビュー第二六号（二〇一三年一月）
8 「アメリカ刑事判例研究（31）Rochin v. California, 342 U.S. 165 (1952) ——胃ポンプを用いて吐剤を流し込みカプセルを吐き出させるなどした一連の行為は〝良心にショック〟を与えるもので第一四修正のデュー・プロセスに違反する」名城ロースクール・レビュー第二九号（二〇一三年一二月）
9 「実体的デュー・プロセス」『デュー・プロセスと合衆国最高裁Ⅵ』（成文堂、二〇一五年）
10 「似て非なる日米の刑事裁判序説」名城ロースクール・レビュー第三八号（二〇一七年）

序章

尿は、体内における覚せい剤やアルコールの存在を立証するのに有効な資料であるから、覚せい剤の自己使用あるいは飲酒運転に関する事案においては、尿の分析結果を内容とする鑑定書がしばしば証拠に使用されていることは周知のとおりである。被疑者が尿の任意提出に同意する場合も少なくないが、これが拒否された場合には尿を強制的に採取することの当否が問題になりうる。もっとも、これまで判例上問題となったのは、警察官が採尿の目的を秘して被疑者から排尿させた等の事案であり、強制採尿の適否は、あくまで仮定的問題であるにすぎなかった。これは、実務においても強制採尿の問題は単に理論上のものにとどまり、実際上は実施されていなかったことによる。しかし覚せい剤事犯の激増を背景に、捜査当局は強制採尿の実施に踏み切り、すでに昭和五三年中に「一六〇余の事件で実際に強制採尿が行われた」[1]という。強制採尿は、導尿管（カテーテル）を尿道から膀胱に挿入して体内から尿を採取する、というまさにドラスティックな方法によるものであるだけに、その適否が問題になるが、最高裁一小決昭和五五年一〇月二三日[2]は、覚せい剤自己使用の被疑者の抵抗を排して、カテーテルにより尿を強制的に採取した事案につき、その適法性を肯定し、実務を追認したのである。

ところで、科学捜査の必要性が強調されて久しい。科学的捜査技術の向上は科学的な非供述証拠による客観的な事実認定を通じて、捜査・公判における人権の保障に多大の貢献をなしたのであるが、その反面において、隠密裡に被疑者のプライバシーを侵害する（例えば、盗聴、高感度カメラや赤外線フイルムによる秘密撮影、麻酔分析等）ことも可能となり、科学と人権の衝突という新たな問題を提起するに至っている。[3] 強制採尿の問題もそのひとつであることは疑いない。尿の含有成分を科学的に分析鑑定することにより、覚せい剤自己使用等の犯罪事実が客観的に証明されるが、カテーテルを使用し体内の尿を強制的に採取することは、被疑者の羞恥心を損い人間としての尊厳を著しく傷つける処分であることも自明のことと思われるからである。ここにも採証の必要性と人権保障の要請との鋭い対立がみられるのであるが、[4] 最高裁が昭和五五年（一九八〇年）、強制採尿の適法性を肯定したのは前述のとおりである。

そこで本書は、ひとまず、わが国における問題状況を素描した後で、本決定に影響を及ぼしたとされるアメリカ[5]法について具体的な事例を中心に精査する、その上で弾丸摘出手術の適否をめぐるアメリカ判例法の動向を詳細に検討することにより、わが国での分析が欠落している実体的デュー・プロセスの観点から最高裁昭和五五年決定の問題点をいささかなりとも明らかにしようとするものである。

（1）　鈴木義男「尿の強制採取の適否と違法収集排除法別の適用（その二・完）」研修三七五号五六頁註(26)（一九七九年）。
（2）　刑集三四巻五号三〇〇頁＝判例タイムズ四二四号五二頁＝判例時報九八〇号一七頁。
（3）　島田仁郎「科学捜査と人権――ポリグラフ・麻酔分析・盗聴」刑事訴訟法の争点八二頁（一九七九年）。
（4）　竹中省吾「尿の採取と令状」法律時報四八巻一二号一〇七頁（一九七六年）。
（5）　稲田輝明「最高裁判所判例解説刑事篇昭和五三年度」参照。

第一章　わが国の問題状況

比較的早くから相当つっこんだ議論がなされていた採血の問題とは異なり、強制採尿の適否は、ごく新しい問題でもあり、学説上も必ずしも十分な検討がなされていたわけではない。しかし、人体ないしその一部は性質上押収の対象となし得ないとすることに異論はなく、捜索差押令状による体液の強制採取を肯定する見解は見当たらない(1)。しかし前出最高裁昭和五五年決定は、従前のわが国における理解を越えて、体内にある尿も捜索差押の対象となり得るとの〝画期的〟な判断を示した。

そこで以下、わが国における覚せい剤事犯の激増ぶりと実務の対応、ならびに学説・判例の動きを一瞥したあとで、右最高裁決定の要旨、問題点について考察を加えることにする。

(1)　飛田清弘「強制採尿の適法性とこれを実施するに必要とされる令状の種類」研修三九二号五七―八頁（一九八一年）参照。

第一節　覚せい剤事犯の激増と実務の対応

昭和四五年（一九七〇年）に始まった覚せい剤の第二次流行は、その後も一向に衰える気配もなく、さらに一般市民層にまで浸透し、その対策が焦眉の急とされていた。ちなみに、麻薬事犯（麻薬取締法、あへん及び大麻取締の各違反）と覚せい剤事犯（覚せい剤取締法違反）について、ここ一〇年間の検挙人員の推移を見ると、麻薬事犯は、昭和四五年の一、二〇八人から昭和五四年の一、六三四人と三五・三パーセント増加し、覚せい剤事犯は、同じ期間に一、六一八人から一八、五五二人と実におよそ一一倍に激増している。覚せい剤事犯の中に占める所持事犯と使用事犯の比率は、昭和五二年には合計で六〇パーセントを越え、その後もとりわけ使用事犯の伸びが著しい(2)。

ところで、覚せい剤等の薬物事犯は、対象たる薬物が、その取締法上の薬物であることをまず証明することが不可欠であるが、薬物反応の出る注射器等の証拠物が発見押収される事犯は少ないので、被疑者が否認した場合には、所持事犯や使用事犯において、尿の分析結果が重要な、時には唯一の証拠方法となる。しかし、ことに暴力団関係者の中で徹底的に採尿を拒否する者があり、実務ではその対策として本格的な強制採尿の実施に踏み切った。当初は必ずしも裁判官の同意を得られたわけではないが、例えば、神奈川県警では、令状請求の際の疎明資料にカテーテルによる採尿の安全性についての医師の上申書が添付されてから後は、被疑者の身体に損傷を与えるおそれがある等の理由で令状発付が拒絶された例は皆無とのことで、翌昭和五三年末には、ほぼ全国で裁判官の同意が得られ強制採尿を許す令状（身体検査令状及び鑑定処分許可状）が発付され、強制採尿は実務上ほぼ定着したという(3)。

このように覚せい剤事犯撲滅という国民的キャンペーンを、いわば錦の御旗にして強制採尿は捜査実務上急速に定着化したのであるが、これに対して、学説・判例はどのように対処したのであろうか。

（2）　昭和五五年版・犯罪自書三八―四〇頁。
（3）　澤新「覚せい剤事犯と採尿検査」法律のひろば三二巻五号二四頁（一九七九年）。

第二節　学説・判例の争い

一　学説の争い

強制採尿について学説は、捜査上の必要性の見地からこれを肯定する見解と、直接強制を可能とする法的根拠が不明であること、強制処分による被疑者の精神的苦痛・屈辱感が著しいことなどの見地からこれを否定する見解とが対立している。

被疑者の体内から体液（血液・尿）を強制的に採取することを是認する見解においても、令状を必要不可欠とすることに異論はないが、いかなる種類の令状によるべきかについては、直接強制の法的根拠との関係で次の三説に分かれていた(4)。第一説は、身体検査令状説であり、検証としての身体検査は、身体の内部検査を含み社会通念上是認される程度の軽微な身体の損傷も許され、刑訴法二二二条一項は同法一三九条を準用しているので、直接強制も当然にできるとする。第二説は、鑑定処分許可状説であり、採血のように身体内部に働きかけて身体の損傷を伴う検査は専門的知識と技術を必要とするから性質上鑑定に属するが、法の明文規定はなくとも、刑訴法一七二条を準用するのが鑑定処分許可状に関する同法二二五条四項の趣旨であるとする。第三説は、身体検査令状と鑑定処分許可状の併用説であり、基本的には鑑定処分許可状説に立ちながら、直接採尿を必要とする場合には、刑訴法二一八条一項後段の検証としての身体検査令状を得たうえで、同法二二二条で準用される同法一三九条による直接強制を行い、鑑定人がこれに立ち合って鑑定を行うべきだとする。実務の取り扱いは、この併用説によるところが多い(5)。

しかし、第一説は、検証としての身体検査の内容、範囲、方法等につき従来の検証の概念を拡張しすぎるきらいがあり、第二説は、刑訴法の文理解釈の点で疑問があり、第三説は、採血等の処分は検証としての身体検査の範囲をこえるものであるから鑑定処分許可状によるべきだとしながら、採血が拒否されるやいなやもともと不可とした身体検査令状を求めるという点で論理的に一貫していないなどの難点が指摘されている。

もっとも、否定説は、身体損傷のおそれ、血液等による代替方法の存在もその論拠の一つにしているが、現在ではカテーテル使用の安全性についてはさしたる問題はなく、尿から覚せい剤成分を検出しうる期間が「通常四日ないし一〇日間」とかなり長期であるのに比して、血液からそれを検出しうるのは「使用後せいぜい三〇分程度の短時間である」(6)ことを考えると、これらは論拠としては必ずしも適切でなく、結局のところ、カテーテル使用による尿の強制採取が人間の尊厳に反し、身体検査の限界を越えるというのがその決定的な理由といえよう。

二　高裁判例の対立

カテーテルを使用した強制採尿がほぼ全国的に実施された昭和五三年段階では、裁判例として問題化した事例は見あたらなかったが、昭和五四年になると、ほぼ同種と思われる事案につき、強制採尿を、それぞれ違法、適法と相反する判断を示した高裁判例が相次いで出された。すなわち、名古屋高判昭和五四年二月一四日（判例タイムズ三八三号一五六頁、判例時報九三九号一二八頁）が、「（本件のような強制採尿は）裁判官の発する前記のような令状に基づき、直接的には医師の手によって行われたものであったとしても、被疑者の人格の尊厳を著しく害し、その令状の執行手続として許される限度を越え、違法であるといわざるを得ない」としたのに対して、東京高判昭和五四年二月二一日（判例タイムズ三八九号一五三頁、判例時報九三九号一二八頁）は「右採尿は身体検査令状、鑑定処分許可状に基づく強制処分であるから、採尿の際、危害防止等のため被告人の身体を押さえつけ、ゴム管を尿道に挿入して採尿することは右強制処分の執行として必要やむをえない措置として許容され」るとした。(7)なお、大阪地決昭和五四年一一月二二日（判例タイムズ三八九号一五三頁、判例時報九三九号一三五頁）は、女性被疑者に対して医師がカテーテルを用いて行った採尿手続を適法としていた。もっとも、右決定は、括弧内判示で「直接強制も可能である」とするが、本件の事案では「同意をしたとはいえないまでも結局はこれを拒否せず、渋々ながらも自ら下着を脱ぎ診察台に上って医師の導尿に応じたもので、その間警察官や医師が直接強制を加えた形跡は全く窺えない」との事実認定によって、「直接強制の可否を論ずるまでもなく、本件採尿手続は、社会通念上相当な範囲を越えないものとして適法である」としたものである。

いずれにせよ、ここに高裁判例が対立するに至ったため最高裁の判断が待たれていたが、最高裁は昭和五五年、強制採尿を違法とした前出名古屋高裁判例の上告審として、従来争いのあった強制採尿の適否の問題に関して、適法性の立場をとることをはじめて明らかにしたのである。(8)

そこで以下、右最高裁決定について、事実の概要、判旨を詳細に紹介した後で、その問題点について検討を加えることにしたい。

（4）採血・採尿を含め身体検査全般について、古川実「鑑定処分許可状」刑事実務ノート三巻三五七頁以下（一九七一年）、谷沢忠弘「身体検査の限界」捜査法大系Ⅲ二二七頁以下（一九七二年）、門馬良夫「身体検査の限界」判例タイムズ二九六号四〇八頁以下（一九七三年）、小林充「身体検査をめぐる諸問題」司法研修所論集六一号八四頁以下（一九七八年）参照。
（5）刑事裁判資料第一四〇号・刑事手続法規に関する通達・回答集追補Ⅱ二三三頁（一九六〇年）参照。
（6）澤・前掲註（3）一九―二二頁参照。

(7)　右両高裁判決を比較対照して問題点を指摘したものとして、鈴木義男「尿の強制採取の適否と違法収集証拠排除法則の適用(その一—その二・完)」研修三七四号四三頁以下、同三七五号五一頁以下(一九七九年)参照。

(8)　本決定については、松浦恂「強制採尿の可否とそれに要する令状」法律のひろば三四巻一号六〇頁(一九八一年)。早くもこのほかに、飛田清弘「強制採尿の適法性とこれを実施するに必要とされる令状の種類」研修三九二号五一頁以下(一九八一年)、和田康敬「強制採尿の適否と法律上の手続」警察学論集三四巻一号九六頁以下(一九八一年)、河上和雄「最近重要判例解説」Law School 三〇号八一頁以下(一九八一年)、土木武司「体液の強制採尿をめぐる問題——その適法性と令状の種類」判例タイムズ四三五号六頁以下(一九八一年)等がある。検察実務家からの迅速な対応には驚かされるが、これは本決定の重要性を示すとともに、この問題がわが国の学説で必ずしも十分に検討されていなかったことの証左とも思われる。

第三節　最高裁昭和五五年決定

一　事実の概要

昭和五二年六月二八日午前一〇時ころ、覚せい剤の譲り渡しの容疑で逮捕された被告人が、その両腕に存する多数の静脈注射痕様のものや、その言語・態度などから、覚せい剤の自己使用の嫌疑をも受けたが、捜査官からの再三にわたる尿の任意提出の求めを頑強に拒絶し続けた。そこで捜査官は、翌二九日午後四時ころ、このうえは強制採尿もやむなしとして、身体検査令状及び鑑定処分許可状の発付を受け、鑑定受託者である医師に強制採尿を依頼した。同医師は自然排尿が望ましいとして直ちには採尿行為に着手しなかったが、同七時ころ、どうしても排尿しないとの連絡をうけたので警察署に赴き、警察署医務室のベッド上において、数人の警察官に身体を押さえつけられている被告人から、ゴム製導尿管（カテーテル）を尿道に挿入して、約一〇分間におよそ一〇〇ccの尿を採取した。被告人は、採尿の開始直前まで採尿を拒否して激しく抵抗したが、開始後は、あきらめてさして抵抗しなかった。採取された尿の鑑定の結果、尿中に覚せい剤が検出されたために、被告人は覚せい剤の譲り渡しおよび自己使用の公訴事実で起訴された。

第一審の名古屋地裁一宮支部は、右鑑定書を証拠に採用してほぼ公訴事実どおりの事実を認め、被告人を懲役一年二月の実刑に処した（昭和五三年五月一日判決）。控訴審たる前出名古屋高裁は、尿及び鑑定書の証拠能力についてはこれを肯定し、被告人の控訴を棄却して一審判決を維持したが、その際、強制採尿は「被疑者の人格の尊厳を著しく害し」違法であるとの判断を示した。

これに対して弁護人は、本件採尿検査は黙秘権及び拷問の禁止を保障する憲法三一条及び三八条に違反し、強制採取した尿を資料とする鑑定書は違法収集証拠として証拠能力を否定されるべきであるから、右鑑定書を証拠として許容した原判決には憲法三一条・三八条の違反があること等を理由に上告を申し立てた。

二　判　示

本決定は、右上告趣意をいずれも刑訴法四〇五条の上告理由にあたらないとして上告を棄却したが、被疑者に対する強制採尿の法律的性質、その許される基準と実施の手続き、令状の種類及び形式、本件の強制採尿の適法性等につき、詳細な職権判断を加え、次のように判示した。

「尿を任意に提出しない被疑者に対し、強制力を用いてその身体から尿を採取することは、身体に対する侵入行為であるとともに屈辱感等の精神的打撃を与える行為であるが、右採尿につき通常用いられるカテーテルを尿道に挿入して尿を採取する方法は、被採取者に対しある程度の肉体的不快感ないし抵抗感を与えるとはいえ、医師等これに習熟した技能者によって適切に行われる限り、身体上ないし健康上格別の障害をもたらす危険性は比較的乏しく、仮に障害を起こすことがあっても軽微なものにすぎないと考えられるし、また、右強制採尿が被疑者に与える屈辱感等の精神的打撃は、検証の方法としての身体検査においても同程度の場合がありうるのであるから、被疑者に対する右のような方法による強制採尿が捜査手続上の強制処分として絶対に許されないとすべき理由はなく、被疑事件の重大性、嫌疑の存在、当該証拠の重要性とその取得の必要性、適当な代替手段の不存在等の事情に照らし、犯罪の捜査上真にやむをえないと認められる場合には、最終的手段として、適切な法律上の手続きを経てこれを行うことも許されてしかるべきであり、ただ、その実施にあたっては、被疑者の身体の安全とその人格の保護のため十分な配慮が施されるべきものと解するのが相当である。

そこで、右の適切な法律上の手続きについて考えるのに、体内に存在する尿を犯罪の証拠物として、強制的に採取する行為は捜索・差押の性質を有するものとみるべきであるから、捜査機関がこれを実施するには捜索差押令状を必要とすると解すべきである。ただし、右行為は人権の侵害にわたるおそれがある点では、一般の捜索・差押と異なり、検証の方法としての身体検査と共通の性質を有しているので、身体検査令状に関する刑訴法二一八条五項が右捜索差押令状に準用されるべきであって、令状の記載要件として、強制採尿は医師をして医学的に相当と認められる方法により行わせなければならない旨の条件の記載が不可欠であると解さなければならない。

これを本件についてみるのに、覚せい剤取締法四一条の二第一項三号、一九条に該当する覚せい剤自己使用の罪は一〇年以下の懲役刑に処せられる相当重大な犯罪であること、被告人には覚せい剤の自己使用の嫌疑が認められたこと、被告人は犯行を徹底的に否認していたため証拠として被告人の尿を取得する必要性があったこと、被告人は逮捕後尿の任意提出を頑強に拒み続けていたこと、捜査機関は、従来の捜査実務の例に従い、強制採尿のため、裁判官から身体検査令状及び鑑定処分許可状の発付を受けたこと、被告人は逮捕後三三時間経過してもなお尿の任意提出を拒み、他に強制採尿に代わる適当な手段は存在しなかったこと、捜査機関はやむなく右身体検査令状及び鑑定処分許可状に基づき、医師に採尿を嘱託し、同医師により適切な医学上の配慮の下に合理的かつ安全な方法によって採尿が実施されたこと、右医師による採尿に対し被告人が激しく抵抗したので数人の警察官が被告人の身体を押えつけたが、右有形力の行使は採尿を安全に実施するにつき必要最小限度のものであったことが認められ、本件強制採尿の過程は、令状の種類及び形式の点については問題があるけれども、それ以外の点では、法の要求する前記の要件をすべて充足していることが明らかである。

令状の種類及び形式の点では、本来は前記の適切な条件を付した捜索差押令状が用いられるべきであるが、本件のように従来の実務の大勢に従い、身体検査令状と鑑定処分許可状の両者を取得している場合には、医師により適当な方法で採尿が実施されている以上、法の実質的な要請は十分充たされており、この点の不一致は技術的な形式的不備であって、本件採尿検査の適法性をそこなうものではない。

三　問題点

(1)　本決定の主たる意義は、強制採尿の適法性を肯定したこと、強制採尿の法律的性質を捜索・差押であるとし、その実施には、被疑者の身体の安全・名誉感情の保護等の見地から、強制採尿は医師をして医学的に相当と認められる方法により行わなければならない旨の条件を付した捜索差押令状によるべきことを明らかにしたことにある。しかし、前者については、その適法性の判断基準として、被疑事件の重大性、嫌疑の存在、当該証拠の重要性とその取得の必要性、適当な代替手段の不存在、さらに医師による方法の相当性等の要件を掲げ、真にやむを得ない「最終的手段」と認められる場合に限定されたものであるにせよ、カテーテルによる強制採尿の方法は、採尿を拒否する被疑者を数人がかりで押さえつけ、下半身を裸にし尿道にカテーテルを挿入して尿を採取するものであるだけに、令状による直接強制の限界を越えているのではないかという疑問がある。また後者についても、体内の尿は他の体液とは異なり、もはや人体にとって不要な物でありいつでも体外に排出できる態勢にある廃棄物であるから人体の一部ではないと考えることも不可能ではなかろうが、尿は常に体内で生成されている物質であるだけに、従前のわが国における理解を越えて、生きている人の身体内の尿を捜索差押令状により強制的に採取しうるとすることには、頗る疑問がある。

筆者はかつて、最高裁昭和五五年決定につき「アメリカ法を基本的に踏まえていると評せざるを得ない」との見解[9]に対し、「アメリカ法から示唆を得たものと考えることは格別、アメリカ法の動向を基本的に踏まえていると評することには疑問があり、むしろアメリカから基本的に逸脱したものと解すべきであろう。アメリカ法では、身体の侵襲により取得される証拠物も捜索押収の対象とされているが、生きている人間の尿道にカテーテルを挿入して採取される尿は、理論的可能性としても、捜索の対象とされていないと思われるからである」と指摘したことがある[10]。人間の秘部にカテーテルを挿入して尿を採取するというような際どい捜査方法は、人間の良心にショックを与え実体的デュー・プロセス違反の疑いが極めて濃厚であるにもかかわらず、この点に関するわが国の議論はなお十分でないと思われたからである。

(2)　ところで筆者は、右最高裁決定に関し日本刑法学会東京部会で井上正仁報告があることを知り東京まで出かけたところ大盛況で関心の高さを窺わせた。そしてその前後に前出岡部論文に接したため余りの迅速さに驚嘆しつつ、とりあえず同論文に引用されているアメリカの関連判例等をほぼすべて名城大学付属図書館で直接入手した。

当時の筆者にとってかなりハードな仕事であったが何とか精読して再び岡部論文を再読したところ、同論文はラフェイヴ教授の捜索押収に関する浩瀚な著書（Wayne R. LaFave, Search and Seizure, A Treatise on the Fourth Amendment, Vol. 2, pp. 10–21, pp. 321–330, Vol. 3, pp. 286–295）の翻訳であることを初めて知ったのである。

むろん外国法を参照する場合に著名な著書・論文でその概要を知ることの有用性を否定するものではないが、同論文でもその旨の断りがあるとはいえ、その中で引用されている判例等がいわば丸投げで一字一句の加筆修正もなしにそのまま日本語に翻訳されていることに驚いた。少なくとも指導的判例については直接当たるという筆者なりのアメリカ法研究のスタイルとは全く異なるし、大阪刑訴研究会でもそれとなく示唆したが、いわゆる孫引きは日本でも厳しく戒められており、この点において日米の研究手法に差異はない。例えば、アメリカ法の重要な法源である一九七五年米連邦証拠規則の条文自体の翻訳は重要かつ貴重であるが、各条文の背景には複雑な問題が介在しているにもかかわらず、それらを具体的に精査することなしに当の条文だけをあれこれ〝解釈〟しても分かったことにはならず、時には完全に誤解することにもなりかねないのである。

さらに頗る疑問に思われたのは、デュー・プロセスの旗手田宮裕氏が「いわば〝究極の令状〟ないし〝究極の強制処分〟として、覚せい剤事犯における尿の証拠上の地位にてらし、これを是認しても、適正さを欠くとまでいう必要はない」として同判旨に賛成していることである。(11) 前述のように現在に至るまでアメリカで強制採尿が実施されその適法性が直接争われた事案が見当たらないのは、〝良心にショックを与える〟ような捜査方法は実体的デュー・プロセスに違反することが確立しているからである。被疑者の抵抗を排して強制的に導尿官（カテーテル）を尿道に挿入して体内の尿を採取するというのはまさにショッキングな捜査方法であることは否めないにもかかわらず、「適正さを欠くとまでいう必要はない」として強制採尿の適正手続違反を否定する見解はアメリカ法とは似て非なるものであるとも解しうるのである。

また昭和五五年決定に関与した団藤重光元最高裁判事は、従前の現場でのトラブルは「この決定が出てからは、ぴたりとなくなって、みんな任意の提出に応じるようになった」として強制採尿令状創出の「政策的意図」を強調していた。[12]しかし、その後も強制採尿の事例はなお稀有とはいえず、また政策論に対しては「判例というものはそういう機能」をせず、ここまで許されると「やってしまう」との指摘がなされていたのである。[13]そして現に、ポリグラフ検査を拒否する被疑者に対して令状が出た以上拒否はできないとしたうえで尿道に「棒をつっこむこともできる」旨捜査官が居丈高に繰り返していたにもかかわらずこの種の捜査方法は適正手続きに違反しないことを示す証拠として当時の録音テープが検察官によって提出された事例のあることが報告されており、[14]筆者はある研究会でこの報告を直接耳にしたことがある。極端な事例かもしれないが、強制採尿肯定論の捜査実務への弊害が如実に示されている一例であるといって差支えあるまい。

(3)　要するに、問題は、強制採尿に至る手続きの保障にあるのではなくそれ自体が極めて〝ショッキング〟な捜査方法であってもデュー・プロセスに反しないといえるかに尽きる。この点に関し学説は、「そもそも常識的に考えて羞恥心を著しく害するような人権無視の方法による強制採尿が許されるのかという根本的な疑問をもたざるを得ない」としたうえで「病者に対する治療方法ないし検査方法として医学的に相当であるということとその方法が病者でない者に対する強制処分として許されるかということとは、全く別問題である。両者をすりかえてはならない」との適切な批判[15]を除くと、総じて最高裁と同旨である。

実体的デュー・プロセス違反とするローチン判決の判断基準はわが国でもそのまま妥当すると思われる。ただ、強制採尿に関して現在に至るまでデュー・プロセス違反を正面から主張する学説がほとんど見られないのは田宮裕氏の圧倒的影響力によるものとも思われるが、学問の世界において疑いを容れない権威なるものは存在しない（佐伯千仭氏）にもかかわらず、わが国の学説はデュー・プロセスの〝権威〟を盲信したまま結論として最高裁と同様の誤りを犯しているとの評価も可能と思われるのである。

ところでアメリカ法では、体液の採取であると体内の異物の収集であるとを問わず人の身体内の物の取得のために身体の内部に働きかける行為は身体侵襲（body intrusions or bodily intrusions）といわれ、これらは捜索押収の対象とされている。したがって体内の尿も捜索差押の対象たりうるとの〝画期的〟な判断を示した最高裁昭和五五年決定がこのようなアメリカ法から示唆を得たものであることは十分に考えられる。しかしアメリカでは、管見した限り、強制採尿はあくまでも間接的なもの——すなわち自然排尿の強制にとどまり、カテーテルによる直接的な強制採尿は実務上行われていない。筆者が最高裁昭和五五年決定につき「アメリカ法から基本的に逸脱したものと解すべきである」と主張したのはこのためである。

(9)　岡部泰昌「適正手続と強制採尿」判例タイムズ四二七号一八頁（一九八一年）。

(10)　小早川義則「強制採尿の適否とアメリカ法の動向」矢野勝久教授還暦記念論集『現代における法と行政』（法律文化社、一九八一年）五九一—五九二頁。

(11)　田宮裕「捜査における強制採尿の適否」警察研究五九巻一号（一九八八年）（後に『刑事手続とその運用』（有斐閣、一九九〇年）所収）。

(12)　団藤重光「裁判における主体性と客観性」ジュリスト八三〇号九七頁。

(13)　松尾浩也ほか「刑事法における学説と実務」ジュリスト七五六号六三頁［宮原守男発言］。

(14)　室木徹亮「警察はそこまでやるか——ポリグラフ検査強要事件」季刊刑事弁護二三号一〇〇頁以下参照。

(15)　高田卓爾『刑事訴訟法［二訂版］』三五八頁（一九八四年）。

第二章　アメリカ法の現状

このようにアメリカでは、カテーテルによる直接的な強制採尿の証拠としての許容性が現実の裁判で争われた事例は見当たらない。最高裁昭和五五年決定につき、「アメリカ法から示唆を得たものと考えることは格別、アメリカ法の動向を基本的に踏まえていると評することには疑問があり、アメリカ法から基本的に逸脱したものと解すべきであろう。アメリカ法では、身体の侵襲により取得される証拠物も捜索の対象とされているが、生きている人間の尿道にカテーテルを挿入して採取される尿は、合衆国最高裁ローチン判決等による限り理論的可能性としても、捜索の対象とされていない」と指摘（小早川義則「強制採尿の適否とアメリカ法の動向」五八九―五九一頁）したのはこのためである。

そして抜刷を送付したところ「方法論としておかしいのではないか」との田宮裕氏の珍しくやや興奮気味のコメントを頂戴した。ただ、筆者は当時、ウォーレン・コート下（一九五三―六九年）でのデュー・プロセス革命についてはほぼ全体像を把握していたものの、実体的デュー・プロセスについてはその意味内容の理解が不十分であった。しかしその後何度もローチン判決等を精査するうちに次第に実体的デュー・プロセスとのかかわりが明らかとなり、強制採尿は〝良心にショック〟をあたえるためローチン判決等に違反することを確信するに至ったのである。

そこで以下、順序としてひとまず〝デュー・プロセス革命〟を概観し、さらに実体的デュー・プロセスの確立過程に言及した後、わが国ではほとんど知られていないが、アメリカでは周知の一九八三条訴訟関連判例を取り上げつつ、実体的デュー・プロセスとのかかわりについて詳しく検討することにより、アメリカ法の現状を明らかにすることとしたい。

第一節　デュー・プロセス革命

現行刑事訴訟法は「応用憲法」といわれる。しかし日本国憲法制定当時〝継受〟したとされるアメリカ法の輪郭自体が定かでなかった。権利の章典の定める人身の自由に関する重要な諸権利が第一四修正のデュー・プロセス条項を介してそのまま州に適用されることが確立するに至ったのは、ウォーレン・コート（一九五三―六九年）のデュー・プロセス革命（Due Process Revolution）によるものであり、それまで全米で通用する画一的なアメリカ法自体が存在していなかったのである。

一　合衆国憲法の特色

(1)　アメリカ合衆国は一七八八年に合衆国憲法を制定したがいわゆる統治機構に関する規定が中心であり、権利の章典に関する諸規定は一七九一年に第一修正ないし第一〇修正として本体に付加された、これが当初のいわゆる憲法修正条項である。その後、市民（南北）戦争を契機として一八六五年から一八七〇年にかけて第一三修正ないし第一五修正の市民戦争修正条項（Civil War Amendments）が成立する。一七九一年成立の合衆国憲法第五修正は「何人も……法の適正な過程によらずに生命、自由または財産を奪われることはない」と規定するが、一八六八年

（明治元年）成立の第一四修正は「いかなる州も、法の適正な過程によらずに、何人からも生命、自由または財産を奪ってはならない」と規定することによりデュー・プロセスは州政府をも規制することを明らかにした。ただ、合衆国憲法は本体に追加された一八九一年の権利の章典の各規定につきいずれも「修正」という文言を用いている、そのためこれを「改正」と誤解する向きがままあるが、例えば、わが国でも周知の「禁酒法」は第一八修正にあり、第二一修正で「禁酒法の廃止」が明示されているように「修正」は「改正」ではない、そして権利の章典の文言自体は今日に至るまで一字一句の変更もなく全く同一であり、その意味内容はすべて合衆国最高裁判例により不断に発展を遂げてきたのである。

合衆国憲法は、現存の世界最古の成文憲法であり、当時としては画期的なものであったが、当然限界がある。しかし、合衆国憲法第五条は「連邦議会は、両議院の三分の二が必要と認めるときは、この憲法に対する修正を発議し、または各州中三分の二の議会の要請あるときは、修正発議を目的とする憲法会議（Convention）を召喚しなければならない。いずれの場合においても、修正は、四分の三の州議会によって承認されるか、または四分の三の州における憲法会議によって承認されるときは、あらゆる意味において完全に、この憲法の一部として効力を有する」と定める。要するに、憲法の本文には一切触れず、不適切、不十分な部分は憲法の修正（Amendments）として順次追加して改めるという興味深い方法を採用したのであり、例えば、一九一九年成立の第一八修正（禁酒法）は一九三三年の第二一修正によって廃止された。もっとも、憲法の修正は、各州の四分の三以上の承認が必要とされるため、必ずしも容易でない。このことを端的に示したのが「法の下における権利の平等は、性を理由にして否定または制限されてはならない」として男女の完全平等を定める第二七修正（案）の挫折である。

(2)　アメリカでのデュー・プロセス論をめぐる争いを把握するのが困難であるのは、連邦を規制する第五修正のデュー・プロセス条項と州を規制する第一四修正のデュー・プロセス条項が文言上同一であるうえ、第一四修正のデュー・プロセス条項には権利の章典のすべての規定が含まれているとする〝全面的編入理論〟とデュー・プロセスは〝発展的概念〟で裁判所による組入れと排除を伴うとする〝選択的吸収理論〟との長年にわたる見解の対立があることによる。権利の章典は今日、大陪審による起訴を除き、そのまま州に適用することが確立しているため、この争いを解明する積極的意義は認められないものの、アメリカで今なお根強い連邦主義の意味を理解するうえで有益である。

一方、一九四七年五月三日施行の日本国憲法第三一条は「何人も、法律の定める手続によらなければ、その生命若しくは自由を奪はれ、又はその他の刑罰を科せられない」と規定する。合衆国憲法第五修正および第一四修正と対比すると、「わが憲法の規定も、この條文の影響下に成立したもの」であるが「沿革や歴史的役割はもとより、文言も日本国憲法三一条と同じではない」し、アメリカ憲法と異なり「適正な（due）」という語は用いられていないが、全体として英米法の影響を受けたわが憲法の解釈として、英米法の「適正手続」を採用したと解するのは不当ではないとされている(1)。

二　デュー・プロセス条項の実効性

市民戦争の終結を契機として一八六五年から一八七〇年にかけて相次いで成立した第一三修正ないし第一五修正は、いずれも明文で「連邦議会は、適当な立法（appropriate legislation）で本条の諸規定を執行する権限を有する」と定めている。これを受けて連邦議会は一八六六年、第一三修正の奴隷制度廃止条項を執行するために、市民的権利に関する法律（Civil Rights Act of 1866）を可決し、契約する権利、訴訟の当事者となる権利、財産を所有・譲渡する権利を含め、〝白人の市民〟と〝同一の権利〟を解放黒人すなわちアフリカ系アメリカ人に保障した。連邦議会は翌六七年、さらに人身保護令状法を制定し、州の権限下に拘束されている者に連邦裁判所に直接身柄拘束の合憲性を争う法的資格を与えた。このような一連の制定法の最後に登場したのが、法の平等保護を否定して憲法上の権利を剥奪するコンスピラシーを連邦刑事罰とする一八七一年のいわゆるクー・クラックス・クラン法（Ku Klux Klan Act）であった。この総合的な制定法は、南部諸州の民間人や法執行官等による南北戦争後のいわゆる再建計画（Reconstruction）への広汎な抵抗に対する連邦議会の対応であり、それ以前の制定法とは異なり、連邦裁判所に直接提訴する道を開くことを意図していた。(2)

クラン法は、グラント大統領の一八七一年三月二三日付け議会へのメッセージに応じたものであった。すなわち、同大統領は〝わが合衆国の若干の州では生命や財産が保障されず、郵便の配達や税金の徴収が危険となるような……憂慮すべき状態にあります。これらの害悪（evils）を匡正する能力は州当局の手に余るものであり、合衆国の現行法の下での行政権限で現在の緊急状態に十分対処できるかは明らかでありません〟と述べ、合衆国のすべての地域で生命、自由および財産を効果的に保障するような緊急立法を議会に要請し、「南部での無法状態」や「クランの暗躍ぶりと州政府がそれに対処できない」ことを示す六〇〇頁もの報告書を提供した。クラン法が制定されたのは「州の救済が利用不能であったからでなく、法を平等に実施できない州があった」からであり、「州に法を実施する能力のないこと（their lack of enforcement）」、これが問題の核心であった。(3) しかし、同法は一八七一年の制定直後から長い冬眠期（a long period of dormancy）に入り、ウォーレン・コートが第一四修正のデュー・プロセス条項を介して権利の章典の〝選択的編入〟に取り組み始めるまで、そのような権利は州に適用されることはなかった。自由や財産等の利益は主として州法によって創造され保障されたものであり、合衆国憲法によって新たに創造ないし是認されたものではないと考えられていたからである。(4)

人種差別撤廃の動きが本格化したのは、一九五四年五月一六日のブラウン判決(5)以降のことである。合衆国最高裁は、就任後初の開廷期に臨んだウォーレン首席裁判官執筆の全員一致の法廷意見で、公立学校での人種別学制度は第一四修正の平等保護条項に違反すると判示した。同事件は先の開廷期に口頭弁論が行われたが、最高裁裁判官の要請によって改めて口頭弁論をやり直すことになり、その間の一九五三年一〇月五日、前カリフォルニア州知事アール・ウォーレン（Earl Warren）がアイゼンハワー大統領の指名により最高裁長官に就任した。ウォーレン長官は早速、一八九六年のプレッシー判決（Plessy v. Furguson, 163 U.S. 537）で確立していた「分離すれども平等（separate but equal）」の法理の変更に難色を示していた四人の裁判官を説得し、黒人は白人に劣ることを前提にするプレッシー判決での法理は受け入れられないとして、人種別学制度は憲法に違反することを明らかにした。ウォーレン執筆の法廷意見は憲法事件の分岐点（watershed）となり、合衆国最高裁はその後の一連の判例で相次いで画期的な判断を下すことになる。ウォーレンは「経済分野においては司法抑制（judicial restraint）の見解に従ったが、市民的自由の事案においては権利の章典をより積極的に実施すること（more active enforcement）が必要である」と考えた。保守派の人たちは、ウォーレンの司法積極主義および権利の章典の広い解釈に反対したが、ブレナンがスーパー長官（Super Chief）と呼んだウォーレンにとっては「先例よりも原理がはるかに重要だった（principle was more compelling than precedent.）」のである。

このように市民戦争修正条項の規定を受けて制定された一八六六年の市民的諸権利に関する法律や一八七一年のクラン法もその実効性がなく、ウォーレン・コート初期に出された一九五四年のブラウン判決で初めて人種差別禁止の動きが本格化する。とりわけ一九六〇年代になると、ブラック、ダグラス、ブレナンの三裁判官がウォーレン長官の積極的姿勢を受け入れ、そしてクラーク、ゴールドバーグ、あるいはフォータスの各裁判官が交互に五人目の同調者（a changing fifth member）となった結果、最高裁の多数派がここに完成するに至る（completed the majority）(6)。そして合衆国最高裁は、平等保護条項とともに第一四修正の定めるデュー・プロセス条項を活用して、権利の章典の州への適用を積極的に推し進め、〝デュー・プロセス革命〟を確立するに至るのである。

（1）法学協会『註解日本国憲法　上巻』（有斐閣、一九五三年）五八八頁。
（2）Michael G. Collins, Section 1983 Litigation (2d Ed.), at 3-5 (2001).
（3）Monroe v. Pape, 365 U.S. 167, at 172-176 (1961).
（4）Collins, supra note 2, at 4-11.
（5）Brown v. Board of Education, 347 U.S. 483 (1954).
（6）Dawn P. Dawson, 3 Encyclopaedia of the U.S. Supreme Court 1006～1008 (Salem Press Inc., 2001).

第二節　実体的デュー・プロセス

アメリカでは実体的デュー・プロセスという用語は定着しており、このことは関連判例を繙けば明らかである。ただ、アメリカでは一九六〇年代に入ると右にも関連していわゆる一九八三条訴訟が急増する。そこで以下、ひとまず実体的デュー・プロセスが確立するに至る経緯を明らかにした後、主要な関連判例をやや詳しく紹介することにより、その具体的内容を明らかにしておく。一九八三条訴訟については節を改める。

一　実体的デュー・プロセス確立の経緯

合衆国最高裁は一九世紀末から一九三〇年代にかけて、第一四修正のデュー・プロセス条項は手続面のみならず実体面においても適用できることを要求しているとして、多くの社会経済立法を〝契約の自由〟に反する違憲立法であるとした。すなわち、第一四修正は〝法のデュー・プロセスによらずに、何人からも生命、自由、または財産〟を奪うことを禁止しており、この〝自由〟の中には〝契約の自由〟が含まれているというのである。製パン労働者の最高労働時間について規制した州法をデュー・プロセス条項に違反すると明示した一九〇五年のロクナー判決（Lochner v. New York, 198 U.S. 45）がその典型例である。

合衆国最高裁はその後、洗濯作業場での女性労働者の就労時間を制限する州法の合憲性を認めた一九〇八年のミュラー判決（Muller v. Oregon, 208 U.S. 412）を経て一九三七年のパリッシュ判決（West Coast Hotel Co., v. Parish, 300 U.S. 379）において女性最低賃金を定めた州法を合憲とした際に従前の実体的デュー・プロセス論を廃棄するが、一九七三年の画期的な【3】ロウ判決においてこれを復活する。すなわち、女性の妊娠中絶（堕胎）に関する決定権を憲法上のプライバシー権として承認し、これを第一四修正のデュー・プロセス条項で保障される〝自由〟に含まれていると解したのである。もっとも、右ロウ判決の適用範囲は【4】ウェブスター判決や【5】クルーザン判決、【6】ケイシィ判決等で次第に限定されるが、実体的デュー・プロセスの概念は定着しており、とりわけ注目されるのは〝良心にショック〟を与える政府（訴追）側の行為によって獲得された証拠に基づいた有罪判決は実体的デュー・プロセスに反するとした一九五二年の【1】ローチン判決が微動だにせず確立していることである。なお、【2】グリスウォルド判決は、避妊具の使用等を禁止する州法につき夫婦間のプライバシーを侵害するとしたものである。

【8】グラハム判決は、警察官の誤認逮捕を理由に第一四修正違反が争われた事案につき、「実体的デュー・プロセスの基準でなく第四修正の〝客観的合理性〟の基準の下で検討するのが適切」であるとした。「第四修正はこの種の公務員の物理的侵入行為に対する憲法上の保護を明示に規定しているのであるから一般的な〝実体的デュー・

プロセス〟の概念でなく」第四修正が指針とならなければならない、このことはすでに先例によって黙示的に判示されているが、本日このことを明示しておくというのである。【9】コリンズ判決は、清掃作業中に死亡した市職員の遺族が職員の安全に対する市の無関心等を理由に第一四修正違反を主張した事案につき、〝合衆国最高裁は実体的デュー・プロセスの概念を拡大するのをためらってきた〟と指摘したうえで、従業員に安全な環境を提供する市の義務は「デュー・プロセス条項の実体的構成要素である」との主張はデュー・プロセス条項の歴史および先例の裏付けを欠いていると判示した。要するに、職場での最小限度の安全を提供する伝統的な州の不法行為法によれば格別、それとは独立した第一四修正のデュー・プロセス条項を根拠に連邦法上の義務を課すことはできないというのである。

そして【10】オルブライト判決は、州法上の犯罪事実なしとして裁判所によって刑事訴追が却下された事案につき、コリンズ判決の前記一文を引用したうえで「第一四修正のデュー・プロセス条項は実体的権利および手続的権利の両者を付与している」としつつ、権利の章典が憲法上の保護を明示している場合にはそれを指針とすべきであって一般的な第一四修正による実体的デュー・プロセスを根拠規定とすべきでないとした。一九九七年の【7】ラニール判決はやや特異な事件であるが、現職裁判官による裁判所女性職員等への性的暴行事件につき良心にショックを与えるとして実体的デュー・プロセス違反を肯定した原判決での反対意見を全員一致で採用したものである。

このような状況下に【11】ルイス判決は、停止命令を無視し逃走したオートバイを追跡中のパトカーが横転したオートバイの同乗者をはねて死亡させたため遺族から実体的デュー・プロセス違反を理由とする警察官に対する損害賠償請求が求められた事案につき、従前の判例を引用しつつ、「第四修正によってカバーされる限り、実体的デュー・プロセスの分析は相当でない」としたうえで、本件追跡は「第四修正の意味における逮捕押収でない」し良心にショックを与えるものでもないから実体的デュー・プロセスに違反しないとした。そして二〇〇三年の【12】

チャベス判決は、職務質問時の発砲で重傷を負い病院で緊急手術中の被疑者に執拗な質問を繰り返し「先に銃を奪った」旨の供述を獲得した事案につき、当該供述が刑事事件において当の本人に不利益な証拠として用いられていない限り第五修正の自己負罪拒否特権違反はないとしたうえで、実体的デュー・プロセス違反の点については差戻審で検討されるべきであるとしたのである。

二　主要関連判例の検討

このように合衆国最高裁は一九〇五年のロクナー判決において製パン業労働者の最高労働時間を規制したニューヨーク州法を第一四修正違反としたが、一九〇八年のミュラー判決では洗濯作業所における女性労働者の労働時間を規制するオレゴン州法を合憲とし、一九三八年のパリッシュ判決では女性および未成年者への最低賃金の設定を認めたワシントン州の女性最低賃金法を第一四修正に違反しないとした。

以下、堕胎禁止立法に関して実体的デュー・プロセスを復活させたことでわが国でも周知の一九七三年の【3】ロウ判決のほか、胃ポンプを用いて体内から収集した証拠物の利用は良心にショックを与え実体的デュー・プロセスに違反するとした一九五二年の【1】ローチン判決に関連する重要判例を時系列的に判文に即して詳しく紹介しておく。

【1】　合衆国最高裁ローチン判決（一九五二年一月二日）

本判決（Rochin v. California, 342 U.S. 165）は、覚せい剤の売買をしているとの情報を入手した三人の保安官補がローチンの自宅に赴き寝室に押し入りベッド横のテーブルに置かれていたカプセルを見つけたのでそれは何かと尋ねたところローチンが飲み込んだので病院に連行して医師に命じて胃ポンプを通して吐剤を流し込み胃の中からモルヒネの入ったカプセルを採取した事案につき、一連の行為は〝良心にショックを与える〟もので第一四修正のデュー・プロセス条項に違反するとしたものである。

【事　実】　本件申立人ローチン（X）が麻薬を売買しているとの情報を得たロサンゼルス郡の三人の保安官補（Pら）は一九四九年七月一日朝、Xが母親、内縁の妻、兄弟姉妹と同居する二階建て住居に向かった。入口のドアが開いていたのでPらはその中に入り二階にあるXの部屋に通ずるドアを押し開けた。部屋の中でXは衣服を着たまま妻が寝ているベッドの端に座っていた。Pらはベッド横の〝ナイトスタンド〟上にある二つのカプセルを見つけ〝これは誰のものか〟と尋ねたところ、Xはそのカプセルを摑みそれを口の中に入れたため、争いが続いた、そのうちにPら三人は〝Xに飛びかかり〟カプセルを引き出そうとしたが、Xの抵抗の方が強く引き出すことはできなかった。Xは手錠をかけられ、病院に連行された。Pの指示に応じた医師が無理矢理にローチンの胃の中に管を入れ吐剤を流し込んだ。この〝胃ポンプ（stomach pumping）〟の結果、胃の中のものが吐き出された。その吐物の中に二つのカプセルがあり、そのカプセルにはモルヒネが含まれていた。

ローチン（X）は、カリフォルニア州一九四七年健康安全法に違反して〝モルヒネ調剤（preparation of morphine）〟を所持した罪で陪審なしの公判に付された。Xは有罪とされ、六〇日間の拘禁刑を言い渡された。Xに不利な主たる証拠は二つのカプセルであった。それらの獲得方法は、前述のとおりPの証言によってほぼ明らかにされていたけれども、それらはXの異議にもかかわらず証拠として許容された。

控訴審は、〝被告人（X）の部屋への違法な侵入、同部屋での被告人への違法な暴行・殴打〟および〝前記病院での被告人への違法な暴行・殴打・拷問と不当拘禁〟でPらの有罪を認定しながら、Xの有罪判決を維持した。三人の裁判官の一人は、〝本件記録によれば、憲法上の一連のショッキングな権利侵害のあったことは明らかである〟

としつつ州最高裁の判決に拘束されるとの理由で結論に同調した。カリフォルニア州最高裁は、二人の裁判官の反対意見が付されていたが、その理由を述べずにローチンの再審理（rehearing）の申立てを退けた。

これに対し合衆国最高裁は、第一四修正のデュー・プロセス条項が州による刑事手続きの行為（conduct）に課している制約に関し重大な問題が提起されていることを理由に上告受理の申立てを容れ、全員一致で原判決を破棄した。なお、法廷意見の執筆はフランクファータ裁判官である。

【判　示】　原判決破棄。われわれの連邦制度において刑事司法の運営は圧倒的に各州の責任（care）に委ねられている。大雑把に言えば、合衆国における犯罪は、私権剥奪法（bills of attainder）や事後法（ex *post facto* laws）を禁止する当初の合衆国憲法第一条第一〇節第一項、および第一三修正と第一四修正の制約に服するものの、個々の州法が犯罪として定義するものである。

このような制約は、主として、連邦当局が先取りした（preempted）一定の分野を除き、犯罪を定義する各州の権限に関する制約でなく、各州がそれぞれの刑法典を執行するその方法に関する制約である。したがって、第一四修正のデュー・プロセス条項によって保障されている権利（侵害）の主張の下で州の刑事上の有罪判決を再審理する際に〝われわれは刑事法の執行に対する州の責任に十分留意し、州裁判所の有罪判決を第一四修正のデュー・プロセス条項が認めている極めて狭い審査に付す際にわれわれの消極的機能を十分抑制して行使しなければならない。〟法のデュー・プロセスは〝それ自体、歴史的産物〟であり、州の刑事司法制度の運用において州に対する破壊的ドグマにすべきでない。

しかしながら、当裁判所もまたその責任を有する、デュー・プロセス条項の要請を考慮して〝極めて凶悪な犯罪で訴追された人々に対してであっても英語を話す人々の正義の観念を表明している品位と公正の基準にそれらが違反するかを確認するために［有罪判決に至る］手続の全過程に関し判断をすることが当裁判所に不可避的に課せられている〟のである。このような正義の基準は、それらが特効薬であるかのようにどこかで権威的に形成されているのではない。法のデュー・プロセスは、カードウゾ裁判官が当裁判所の法廷意見として二度にわたり述べているように〝われわれの人民の伝統および良心の中に根づいている基本的なものとして位置付けられている、〟Snyder v. Massachusetts, 291 U.S. 97, 105, あるいは〝秩序ある自由の概念の中に黙示されている、〟Palko v. Connecticut, 302 U.S. 319, 325, このような個人の権利（those personal immunities）を尊重する憲法上の保障として要約される。

このように確立したデュー・プロセス条項の概念を遵守する際における当裁判所の機能は、州の刑事手続きを憲法判断に付する際に相当な指針なしにわれわれに委ねられているのではない。政府の機構（machinery）でなく人権に関わる際に、定石的な正確性の欠如あるいは意味の不変性の欠如は憲法規定で異例なことではないし、ましてや遺憾なことではない。シンボルとしての言葉は注釈（gloss）なしには分からない。注釈は歴史の堆積であり、そのことによって言語は専門的内容を獲得する。それ故、連邦裁判所における第六修正および第七修正の陪審による裁判の要求は厳格な意味を有する。〝陪審〟の言語的シンボルの内容――評決が被告人に不利なものであれば一二人が全員一致の結論に達しなければならない――を変更することはできない。一方、憲法の言語的シンボルの中には注釈によってそれぞれの不変の技術的内容が判明しないものもある。それは適用の継続的過程を必要とする。

それ故、注釈は固定されたものでなく、その判断は相異なる時期によって異ならざるを得ないし、それと同時に異なる裁判官によっても異ならざるを得ない。言論の自由の保障や不合理な捜索押収に対する詳細な具体的規定であっても、少なくとも具体的で極めて抱括的な自由の保障であるデュー・プロセス条項のように、当裁判所において激しい意見の不一致を引き起こすのは避けられないのである。

デュー・プロセス条項の曖昧な輪郭は、自由な判断に委ねられているのではない。われわれは、われわれの単なる個人的で私的な見解の下で輪郭を描いて、司法機能において裁判官を拘束するその制約を無視することはできない。法のデュー・プロセスの概念は最終的でも固定的でもないとしても、これらの制約はわれわれの司法過程の全性質の中に溶解しているという考えに由来する。Cardozo, The Nature of the Judicial Process : The Growth of the Lawを見よ。これらは、法的職業の理性および無視できない伝統（compelling tradition）の中に深く根付いている考えである。

デュー・プロセス条項の機能（faculties）は明確でなく曖昧であるかもしれないが、しかしそれを確認する方法は、身勝手なもの（self-willed）でない。各事案において法の〝デュー・プロセス〟は、科学の精神で追求された公平な調査に基づいた、正確かつ公平に述べられた事実のバランスのとれた秩序に基づいた、争われている主張の公平な考察に基づいた、進歩する社会での継続および変化の両者の必要性の調整をその場限りの気紛れでない（not ad hoc and episodic）、十分に検討した判断に基づいた評価を要求している。

これらの一般的考慮を本件事案の状況に適用すると、われわれは、本件での有罪判決が獲得された手続きは余りにも強力な犯罪闘争についてやかましい人の個人的感情を害する以上のものがあると結論せざるを得ない。「これは良心にショックを与える行為である。違法に中立人の寝室に押し入りその口をこじ開けてその中にあるものを取り出すために争い、彼の胃の内容物を無理矢理に引き出す――証拠を獲得するための政府官憲（agents）によるこれら手続きの過程は、冷徹な人の感覚であっても傷つけずにはおかない。これらはほとんど拷問ともいえるものであり、それらと憲法上の差異を認めることはできない。」（They are methods too close to the rack and the screw to permit of constitutional differentiation.）

歴史的かつ生成的原理としての法のデュー・プロセスは定義困難であり、〝正義の感覚（a sense of justice）を傷つける方法によって〟有罪判決は言い渡しえないという以上に正確に表現することはできない。Brown v. Mississippi, 297 U.S. 278, 285-286を見よ。

本件においていわゆる〝物的証拠〟と供述証拠とを区別しようとするのは、強制された自白を排除する理由を無視することである。州の刑事裁判において口頭による不任意自白の使用が憲法上非難されるのは、単にそれらの不信用性を理由とするのではない。たとえその中に含まれている供述が真実であることが独立して確証されたとしても、それらはデュー・プロセス条項の下で許容できない。強制された自白は、共同社会のフェア・プレイと品位の感覚を傷つける。それと同様に本件において裁判所によって当然非難された野蛮な行為を是認することは、法の装い（cloak of the law）の下で残虐行為をもたらすことになろう。このこと以上に法の信用性を無くし、そのことによって社会の気質（temper）をより残虐とするものはないであろう。

カリフォルニア州最高裁は、有罪を獲得するためのこのようなやり方を是認したのではない。単にその裁量権を行使して有罪判決の再審理を拒否したにすぎない。本件に関与したカリフォルニア州の裁判官はすべて、極めて強い言葉でＰらの本件行為を非難している。

本件事実によれば、中立人の有罪判決はデュー・プロセス条項を傷つける方法によって獲得されたものである。したがって原判決は破棄されなければならない。

【2】　合衆国最高裁グリスウォルド判決（一九六五年六月七日）

本判決（Griswold v. Connecticut, 381 U.S. 479）は、既婚者の妻に対し避妊方法に関し助言のうえ避妊具を処方したため州法違反で有罪とされた医師らが第一四修正のデュー・プロセス違反を主張した事案につき、避妊具の使用等を禁止する州法は夫婦間のプライバシー権を侵害するとしたものである。

【事　実】　本件上告人グリスウォルドはコネチカット州育児制限連盟の役員で、上告人Ｂは内科医でかつイェール大学メディカル・スクール教授で同連盟の医学問題の助言者でもあった。彼らは逮捕時、避妊の方法に関する情報および医学上の助言を既婚者に提供していた。彼らは既婚者の妻を診察し彼女の使用に最適の避妊具を処方した。診察代金は通常支払われたが無料で診察を受けた夫婦もいた。本件でその合憲性が争われたコネチカット州法によれば、避妊の目的で薬物や器具を使用したものは五〇ドル以下の罰金または六〇日以下の拘禁刑または罰金と拘禁刑の両者が併科される、そしてその助言者にも主犯と同一の法定刑が定められていた。

グリスウォルドらは、右従犯の規定は第一四修正に違反すると主張したにもかかわらず従犯としていずれも各一〇〇ドルの罰金刑を言い渡された。州高裁はこれを支持し、同州最高裁も高裁判断を支持した。

これに対し合衆国最高裁は、上告人らには既婚者の憲法上の権利を主張する申立適格があることを認めたうえで、六対三で原判決を破棄した。なお、法廷意見の執筆はダグラス裁判官である。

【判　示】　原判決破棄。本件には「第一四修正のデュー・プロセス条項にかかわる多岐にわたる問題」が含まれている。一九〇五年のロクナー判決を指針とすべきであるとの考えもあろうが、われわれはすでに一九三七年のパリッシュ判決でこのような考えを否定している。われわれは超立法者（super-legislature）として、経済問題、商事、あるいは社会状態にかかわる法律の必要性および適切性を判断する立場にあるのではない。しかし、本件で問題となっている法律は、夫と妻の親しい関係およびそのような関係の一側面における彼らの医師の役割に直接的効果を及ぼす。

人々の交際（association）については憲法にも権利の章典にも言及がない。両親の選択した学校で子供を教育する権利もまた憲法等に言及がない。特定の科目や外国語を勉強する権利についても同じく言及がない。しかし第一修正は、これらの権利のいくつかを含んでいると判例において解釈されてきた。

人がその選択によって子供を教育する権利は、第一修正および第一四修正によって州にも適用されうる。私立学校でドイツ語を学習する権利も同様に尊重される。換言すると、州は、第一修正の精神と一致して利用可能な知識の範囲を制限できないのである。言論および出版の自由の権利は発言し印刷する権利だけでなく、配布する権利、受け取る権利、読む権利、および調査の自由、思想の自由、教える自由を含む。このような周辺の権利がなければ、明示された特定の権利も保障されなくなるであろう。

われわれはNAACP v. Alabama, 357 U.S. 449, 462において、交際の自由は第一修正の周辺上の権利であることを指摘しつつ〝交際する自由と交際におけるプライバシー〟を保護した。憲法上有効な交際の会員名簿の開示は申立人会員の交際の自由な権利保護に重大な制約を必然的に課することになり無効であると判示した。換言すると、第一修正には半影部（penumbra）があり、そこでのプライバシーは政府の侵入から保護されるというのである。

前述の判例は、権利の章典で明示された一定の保障には、これらの保障からの放射によって形成され、それらに生命および実質を与える手助けとなる半影部のあること（that specific guarantees in the Bill of Rights have penumbras, formed by emanations from those guarantees that help give them life and substance）を示している。種々の保障はプライバシーの領域を造り出す。第一修正の半影部に含まれる交際の権利は、すでにみたように、その一つである。平時において所有者の同意なしに〝何人の家屋にも〟兵士を舎営させることを禁止する第三修正はそのプライバシーの他の面である。第四修正は〝身体、家屋、書類および所有物を不合理な捜索または逮捕押収から保障する人民の権利〟を明示に認めている。第五修正はその自己負罪拒否条項において政府が市民にその不利に放棄することを強制できないプライバシーの領域を市民に造り上げうるとする。第九修正は〝この憲法に若干の権利を列挙したことによって、人民の保有する他の諸権利を否定しまたは軽視したものと解釈してはならない〟と規定している。

われわれは最近マップ判決（Mapp v. Ohio, 367 U.S. 643, 656）において、注意深く明示に人民に保持されている他のいかなる権利に劣らず、重要な（no less important）プライバシーの権利を造り上げたものとして第四修正に言及した。われわれは幾多の判例で、プライバシーに関するこれら半影部の権利について議論を重ねてきた。これらの判例は、本件でその承認を求められているプライバシーの権利は正当なそれであることを示す証人である。

本件は、いくつかの基本的な憲法上の保障によって造り出されたプライバシーの領域内に横たわっている関係にかかわりがある。そしてそれは、避妊具の製造や販売でなくその使用を禁止することでそれらの関係に最大限破壊的なインパクトを与える方法によってその目的を達成しようとする法律にかかわりがある。このような法律は、当裁判所によってしばしば適用されてきた〝憲法上州の規制に服する諸活動を抑制または阻止しようとする政府の意図は不必要なまでに広汎に及び、そのため保障された自由の領域を侵害することになるような方法によって達成することはできない〟という周知の原理に照らし、有効とすることはできない。「夫婦の寝室という神聖な領域を避妊具の使用の形跡があるとの密告を理由に捜索することを警察に認めてよいのか、このような考えそれ自体、婚姻関係をとりまくプライバシーの観念とはとうてい相容れない（repulsive）。」

【3】　合衆国最高裁ロウ判決（一九七三年一月二二日）

本判決（Roe v. Wade, 410 U.S. 113）は、争点類似事件であるドウ判決（Doe v. Bolton, 410 U.S. 179）とあわせて一括審理し、州の堕胎禁止法につき第一四修正のデュー・プロセス条項に違反するとしたものである。両事件は反対意見を入れると一〇〇頁を越えるが、ロウ事件に焦点をあて第一四修正との関連を中心に紹介しておく。なお、ロウ、ドウはいずれもアメリカ判例法上、必要な場合に通常使われる仮名である。

【事　実】　ロウ事件はテキサス州の事件であり、一方、ドウ事件はジョージア州の事件であるが、いずれも州の堕胎禁止法に対する憲法上の正当性の問題を提起している。本件で攻撃されているテキサス州法は、ほぼ一世紀にわたり多くの州で効力を有していた典型的な堕胎禁止法であるのに対し、ジョージア州法は、現代風に修正が施されており、進歩した医学技術や新しい考えの影響をも反映している立法の産物である。

Ⅰ　テキサス州刑法典は、母親の生命を救助する目的でなされた堕胎を例外として、同法で定義する〝堕胎をする（procure an abortion）〟ことを犯罪とする詳細な規定を設けている。類似の規定は多数の州法に存在している。テキサス州は一八五四年にはじめて堕胎禁止法を規定した。同法はその後何度か文言上の修正がなされたが、実質的には現在に至るまで変っていない。いずれの修正においても、現在と同じく、〝母親の生命を救助する目的で医師の勧告〟によりなされた堕胎については例外とする規定がおかれていた。

Ⅱ　テキサス州ダラス郡居住の独身女性ジェイン・ロウは一九七〇年三月、郡地区検事ウェイドに対し本件連邦訴訟を提起した。彼女は、テキサス州の堕胎禁止法は違憲であるとの宣言的判決（a declaratory judgment）および被告ウェイドに同法の執行をさせない禁止命令（an injunction）を求めた。ロウは、未婚で妊娠している、安全な病院の施設で資格ある医師によって堕胎をすることで妊娠を終了させたい、妊娠を継続しても生命に危険はないと思われるのでテキサス州では〝合法的〟に堕胎を受けることができない、他州に出かけて合法的堕胎を受ける経済的余裕がないと主張した。そして彼女は、テキサス州法は曖昧で憲法に反しており、第一、第四、第五、第九および第一四の各修正箇条によって保障されている彼女のプライバシー権を侵害していると主張した。さらに彼女の申立てに修正を加えることによって〝彼女自身および〟類似の状況にある〝すべての女性のために〟本件提訴に踏み切ったと主張したのである。

医師ジェイムズ・ホルフォードは、ロウの訴訟への参加を求め認められた。彼は訴状において今までにテキサス州堕胎禁止法違反で逮捕されたことがあり、現在もそのような刑事訴追が継続中であると主張した。彼は、中絶（堕胎）を求めて彼のところに来る患者の状況を説明し、医師として多くの事件で堕胎禁止法の例外に該当するかの判断ができなかったと主張した。彼は、その結果、同法は曖昧で第一四修正に違反しており、そして医師と患者の関係における彼自身および患者のプライバシー権を侵害し、さらに医業を営む彼自身の権利を侵害していると主張し、これらの権利は第一、第四、第五、第九、および第一四の各修正条項によって保障されていると主張したのである。

ジョン・ドウおよびメアリー・ドウなる匿名の夫婦は、ロウ事件と併合審理された訴訟において、やはり同じ地区検事を被告として憲法違反を主張し、宣言的救済および禁止命令を求めた。ドウ夫婦は現在子供はいない、ドウ夫人は〝神経失調〟の病気を患っており、妊娠しても現時点で生命に危険はないが、医師から病状が改善するまで妊娠を避けるよう助言されている、医師の助言により避妊ピルの使用を中止した、仮に妊娠すれば安全な病院での堕胎を希望すると主張し、さらにドウ夫妻は訴状に修正を加え〝彼ら自身および類似の状況にあるすべての夫婦のために〟提訴したと主張したのである。

二つの訴訟は併合されて三人の裁判官から成る地方裁判所の下で審理された。同地裁は、ロウおよびホルフォードの主張に対してはその原告適格（standing）を認めたが、ドウ夫妻については適格性を否定した。本案（the merits）に関して同地裁は、〝子供を持つべきかを選択する未婚者および既婚者の基本的権利は、第一四修正を介し、第九修正によって保護されている〟そしてテキサス州堕胎禁止法は曖昧で憲法に違反するだけでなく原告らの第九修正の権利行使を侵害していると判示した。同地裁は、禁止命令の問題に関しては裁判権回避の法理（abstention）が適用されるとした。それ故、同地裁は、ドウ夫妻の申立てを却下し、禁止命令適用の申立てを却下した。原告側は、禁止命令を否定した地裁決定を不服として上訴し、被告検事もロウおよびホルフォードへの宣言的救済を認めた地裁決定を不服として上訴した。

Ⅲ　これに対し合衆国最高裁は、この種事件の禁止命令および宣言的救済の両側面に関する再審査は先例によって否定されていないし、そうでないと解するのは時間およびエネルギーの浪費であるとした上で、医師ホルフォード関連を除き、七対二で地裁判決を支持した。なお、法廷意見（バーガ首席裁判官、ダグラス、ブレナン、スチュアート、マーシャルおよびパウエルの各裁判官同調）の執筆はブラックマン裁判官である。

【判　示】　Ⅳ　原判決支持。われわれは、司法判断適合性（justiciability）、原告適格性、および裁判権行使回避の法理の問題に直面している。ロウおよびドウ夫妻は審判が求められている争いにつき司法判断を求める権利が認められる〝本件訴訟への個人的利害（personal stake）〟を立証できたか？　そしてホルフォード医師については堕胎禁止法違反で州裁判所での刑事訴追が継続中であることが原告の訴訟参加人（a plaintiff interviewer）として連邦裁判所の救済を求める正当性にどのような影響を与えたのであろうか？　このような問題に直面しているのである。

A　ジェイン・ロウ　仮名を用いているにもかかわらずロウは架空の人物であるとの主張はされていない。彼女の事件については、一九七〇年三月の本件訴訟開始時および地裁での別名での宣誓供述書を提出した遅くとも同年五月二一日の時点で彼女は存在しておりかつ妊娠状態にあったこと、そしてテキサス州では合法的堕胎を受けることができなかったことを真実としてかつ確証されたものとして認める。

訴状提出およびその後の遅くとも五月の時点でロウ事件を眺めると、彼女はテキサス州堕胎禁止法によって堕胎を妨げられた妊娠中の独身女性として右法律を争う適格性を有していたことを争う余地はない。しかし、本件被告は、ロウが一九七〇年五月二二日の地裁審理時または地裁判決時の六月一七日の時点で妊娠していたことは明らかでないと指摘する。そしてロウ事件はもはや実益がなく争訟性を欠いている（moot）と主張する。

連邦事件での通常のルールは、現実の争いが訴訟開始時ではなく上訴時または上告受理の審査時に存在しなければならないとする。

しかし本件のように、妊娠が訴訟での重要な事実であるとき、二六六日の人の妊娠（懐妊）期間は上訴審が完了する前に妊娠は通常終了するので余りにも短すぎる。妊娠が終了すれば事件が争訟性を欠くということになると、上訴審での審査は否定されてしまう。われわれの法をこれほど厳格に考えるべきでない。妊娠は同一の女性に一再ならず生ずる。それ故、われわれは、ロウには本件訴訟の適格性があること、そして彼女は正当な争訟性（a justificiable controversy）を提起しており、彼女の妊娠の終了によって本件は争訟性を欠くことにはならないとの地裁の判断に同意する。

B　ホルフォード医師　ホルフォード医師の立場は異なる。彼は、地裁段階でロウ事件への参加が認められ、本件でも同じ主張をしている。ホルフォード医師は州の堕胎禁止法違反で逮捕されたと主張しているけれども、連邦法上の権利侵害を主張していないし、悪意の訴追であるとの申立てもない。彼は州の刑事訴訟において自己の防御をすることが認められている。地裁がホルフォード医師の救済の申立てを認め訴訟参加への申立てを却下しなかった限りにおいて、地裁判断を破棄する。

C　ドウ夫妻（The Does）　ロウの適格性に関するわれわれの判断に照らすと、ドウ夫妻の適格性にはほとんど意味がない。彼らの主張によれば、本人は現在妊娠しておらず医師の助言もあり子供をもつことを望んでいない。しかし妊娠すれば堕胎によってそれを終了させたい。テキサス州では合法的に堕胎できないので州外で適法にできるところを探さなければならない。すなわち、将来いつか避妊に失敗してドウ夫人が妊娠するかもしれない、そして将来のその時においてテキサス州法の下で違法とされる中絶を希望するかもしれないというのである。

このような主張は、まさにその思弁的性格（its speculactive character）を示している。いずれの可能性も現実のものとならないにもかかわらず、ドウ夫妻によれば、このような可能性が幸福な結婚生活に現実のまたは想像上のインパクトを与えかねないというのである。このような余りにも間接的な損害（injury）があるという主張だけで、現実の争訟性を提起したものということはできない。ドウ夫妻は本件での原告としての適格性はなかったのであり、地裁がドウ夫妻の主張を却下したのは正当である。

V　本件上告人のテキサス州堕胎禁止法への攻撃の主たる趣意は、同法が妊娠中の女性が有するとされる妊娠の終了を選択する権利を不当に侵害しているということにある。「上告人はかかる権利を第一四修正のデュー・プロセス条項に具体的に表現されている個人の〝自由〟の観念の中に、あるいは権利の章典ないしその半影部分(penumbras)によって保障されているとされる個人の、夫婦の、家族の性的プライバシーの中に、あるいは第九修正によって人民に保持されている諸権利の中に見い出そうとするのである。」このような主張に言及する前に、堕胎の歴史を概観し、次いで刑事堕胎法(the criminal laws)の背後にある州の目的および利益を検討することは有益であろう。

Ⅵ　今日多数の州で有効な堕胎禁止法は、比較的最近の産物であるということは一般に認識されていないようである。妊婦の生命を維持するために必要なときを除き妊娠中のいかなる時点においても堕胎を禁止するこれらの法律は、古代に起源を有するものでもコモン・ローによるものでもなく、それらの大部分は一九世紀後半に発効した制定法に由来する。(中略)

以上のことから、コモン・ローで、われわれの憲法の採用の時点で、そして中世期の大部分を通じて、堕胎は現時点で効力を有する大半のアメリカの制定法ほど嫌悪されていなかった(viewed with less disfavor)ことは明らかである。言い換えると、女性は今日ほとんどの州で有しているよりも実質的により広範に妊娠を終了させる権利を有していたのである。少なくとも妊娠の初期の段階に関しては、このような選択をする機会が一九世紀に入るとこの国において存在していた。その後においても、法は妊娠初期において行われた堕胎を刑事罪として取り扱わないことをしばらく続けていたのである。

Ⅶ　一九世紀における堕胎禁止法の施行を歴史的に説明しかつ堕胎禁止法が現在に至るまで存続していることを正当化するために、三つの理由が挙げられてきた。

これらの法律は不道徳な性行為を思いとどまらせる(discourage illicit sexual conduct)ヴィクトリア女王期の社会的

関心の産物であるということが時に主張されてきた。しかしテキサス州は本件で、このような正当化理由を主張していないし、今日ではこの種の議論をまじめに取り上げる裁判所も評釈者もいないのは明らかである。

第二の理由は、医学的処置としての堕胎への関心である。堕胎禁止法がはじめて施行されたとき、堕胎は女性にとって危険な処置であった。このことはとりわけ消毒法の発達以前において真実であった。消毒法技術はパスツールの発見等に基づくものであったが、今世紀はじめ頃までは一般に認められておらず採用されていなかった。堕胎による死亡例は多かった。一九〇〇年以降においても、多分一九八〇年代での抗生物質の発達までは掻爬術などの現代の標準的技術も今日ほど安全ではなかった。それ故、堕胎禁止法を施行する州の本当の関心は妊娠を保護すること、すなわち妊婦の生命を重大な危険にさらす処置を受けないようにすることであると主張されたのである。

現代の医学的技術は、このような状況を変えた。上告人および何人かの裁判所の友（amicus curiae）は、妊娠初期、すなわち最初の三ヶ月経過以前（prior to the end of the first trimester）の堕胎はリスクがないわけではないが、今日では比較的安全であることを示す医学的資料に言及している。初期堕胎を受ける女性の死亡率は、その処置が合法的である場合、通常の出産時のそれと同等もしくはそれよりも低い。したがって、内在的に危険な処置から女性を保護する州の利益は、それを控えるのが彼女に同様に利益であるときを除き、ほとんど消失している。もちろん、健康および医学的基準の領域での州の利益はなお存在する。州には、堕胎がそれ以外の医学的処置と同様、患者に対する安全が最大限確保された状況下で行われていることを確認する利益がある。〝堕胎所（abortion mills）〟での高い死亡率は、堕胎が行われる条件を規制する州の利益を弱めるのではなくそれを強める。さらに女性へのリスクは、彼女の妊娠が継続するにつれて高まる。それ故、堕胎が妊娠の遅い段階で行われるとき、女性自身の健康と安全を保護することに州は明確な利益を有することになる。

第三の理由は、出生前の生命（prenatal life）を保護する州の利益——義務という言葉で表現することもできる

――である。この正当化理由の賛同者の中には「新しい人の生命は受胎（conception）の瞬間に存在する」という理論に依拠するものがある。生命を保護する州の利益と一般的義務は、出生前の生命に及ぶと主張するのである。論理的には、もちろん、この領域における正当な州の利益は、生命は受胎時にあるいは誕生以前のどこかの時点で始まるとの考えを是認するか否かで左右されない。州の利益を判断する際に、少なくとも生育可能な生命（*potential* life）にかかわる限り、それほど厳格でない主張を認め、妊娠の保護だけではないそれ以上（beyond）の利益を主張することができる。

州の堕胎禁止法を攻撃する当事者は、これら堕胎禁止法の目的は、それらが施行されたとき、出生前の生命を保護することであるという主張を若干の裁判所において激しく争ってきた。彼らは、このような主張を裏付ける立法史がないことを指摘し、ほとんどの州法は専ら女性を保護することであったと主張する。少なくとも妊娠初期での堕胎に関しては、医学的進歩によってこのような関心は小さくなったのであるから、そのような堕胎に関して（堕胎）法はもはや何らかの州の利益によって正当化されえないと主張するのである。この見解を支持する学説はある。この見解の反対者は、テキサス州を含む多くの州において制定法または裁判所の解釈によって妊婦自身はもはや堕胎禁止等で訴追されえないことを指摘する。

本件でかかわりのあるのは、このような州の利益であり、そのような利益をどの程度まで重視すべきかである。

Ⅷ　憲法はいかなるプライバシーの権利についても明示に言及していない。しかし当裁判所は、一八九一年に遡る一連の判例において「個人のプライバシーの権利、あるいは若干の分野またはプライバシーの領域での保障は憲法の下で確かに存在することを認めてきた。さまざまな文脈において、当裁判所または個々の裁判官は、実際、少なくともそのような権利のルーツを第一修正の中に、第四修正と第五修正の中に、権利の章典の半影部分（the penumbras）の中に、【2】グリスウォルド判決、あるいは第一四修正の第一節によって保障されている自由の観念の中に認めてきたのである。これらの判例は、〝基本的〟ないし〝秩序ある自由の概念の中に黙示されている〟と考えられる個人の権利だけが、このような個人のプライバシーの保障の中に含まれていることを明らかにしている。それらはまた、かかる権利は、結婚、生殖、懐妊、家族関係および子供の養育や教育に関係する諸活動にある程度に及ぶことをも明らかにしている。

このようなプライバシーの権利は、われわれがそうであると感じているように、人身の自由および州の行動への第一四修正の制約の観念の中に根拠を置くか、あるいは地方裁判所が判断したように、第九修正の人民への権利留保の中に根拠を置くかにかかわりなく、自己の妊娠を終了させるか否かの女性の判断を十分に包含している。州がこのような選択を完全に否定することによって妊婦に課している弊害（detriment）は明白である。たとえ妊娠初期であっても医学的に診断可能な特定かつ直接の害は考えられうる。出産、あるいはその後の子育て（maternity, or additional offspring）は、女性に苦しい生活を強いかねない。心理的な害が差し迫っているかもしれない。精神的、肉体的健康は子供の世話によって支障を来しうる。望まれない子供にかかわりのあるすべての関係者にとって悩みもあり、そしてすでに心理的その他の理由で子供の世話ができない家族の中で子供を育てるという問題がある。その他の場合には、本件におけるように、未婚の母というさらに困難な将来にわたる烙印（stigma）にかかわることもある。これらすべては、女性および責任ある彼女の医師が相談時に当然に考慮すべきことであろう。

このような要素を根拠として上告人らは、女性の権利は絶対的であり、そして彼女にはいかなる時機でも、いかなる方法で、かつどのような理由によるものであるにせよ彼女だけが選択して彼女の妊娠を終了させる権利があると主張する。われわれは、このような主張に同意しない。テキサス州には堕胎決意（abortion decision）を規制する正当な利益が全くない、あるいは女性の単独判断への制約を支持するに足る州の強い利益がないという上告人の主張は説得的でない。プライバシーの権利を認める当裁判所の諸判例もまた、そのような権利によって保護されている領域での州の規制は妥当であることを是認している。上述したように、州は、健康を保護し、医学的基準を維持し、そして将来生育可能な生命を保護することに重要な利益を有すると主張できる。妊娠のある時点で、これらの各利益が堕胎決意を支配する諸要素の規制を是認するほど十分に強度なもの（sufficiently compelling）となる。本件にかかわるプライバシーの権利は、それ故、絶対的であるということはできない。

われわれは、それ故、個人のプライバシーの権利は堕胎決意を含むが、この権利は無限定でなくそれを規制する重要な州の利益を考慮しなければならないと結論する。

われわれは、堕胎法の争いを検討した最近の連邦および州の裁判所は同一の結論に達していたことを指摘しておく。多くの裁判所は、本件での地裁判断に加えて、少なくともその一部を曖昧性を理由にまたは権利侵害の過度の広さを理由に州法を違憲と判断してきた。一方、他の裁判所は州法を是認してきた。

このように結論は分かれているけれども、これらの裁判所のほとんどは、どのように理由付けられるにせよ、プライバシーの権利は、堕胎決意に及ぶほどの広がりを持つものであること、それにもかかわらずこの権利は絶対的でなく何らかの制限に服すること、そしてどこかの時点で健康、医学的基準、および将来生育可能な生命の保護に関する州の利益が支配的（dominant）となることに同意している。われわれは、このようなアプローチに同意する。

当裁判所は、若干の〝基本的権利〟が含まれている場合、これらの権利を制限する規制は〝強度の州の利益（compelling state interest）〟によってのみ正当化しうる、そして正当な州の利益だけが問題であることを明示するために立法規制は限定して行われなければならないと判断してきた。【2】グリスウォルド判決四八五頁等。

上述した最近の堕胎事案において裁判所は、このような原理を是認してきた。州法を無効としたこれらの判例は、健康および生育可能な生命を保護する州の利益を一般的に精査し、いずれの利益も医師と妊婦である患者が妊娠初期の段階での堕胎を彼女が行うことを決意する理由に関する広汎な規制を正当化しないと結論していた。州法を是認する裁判所は、健康および生育可能な生命を保護する州の決定は支配的であり憲法上正当化できると判示しているのである。

Ⅸ　地方裁判所は、ロウの権利へのテキサス制定法の侵害は州の強度の利益を維持するのに必要であったことを立証する責任を被上告人は果たしていないと判示した、そして被上告人は、〝堕胎の領域で存在する強度の州の正当化理由のいくつか〟を提示したけれども、制定法はこれらの正当化理由を置き去り（outstripped）にし〝強度の州の利益の領域をはるかに越えて〟一掃（swept）したと判断したのである。上告人も被上告人もこの判示を争っている。上告人は、すでに述べたように、この領域で刑事罰を科すことを州に禁止する絶対的権利を主張する。被上告人は、受胎後出生前の生命（prenatal life）を認め、それを保護する州の判断は強度の州の利益であると主張する。上述のように、われわれは、いずれの主張にも同意しない。

Ａ　被上告人らは、胎児（fetus）は第一四修正にいう〝人（person）〟であると主張し、その裏付けとして胎児の発達に関する周知の事実を長々と詳論する。もしこの主張が確証されれば、胎児の生命に対する権利は第一四修正によってとくに保障されていることになるから、上告人の主張はもちろん、崩壊する。上告人は両弁論でこのことを認めた。他方、被上告人は再度の口頭弁論で、胎児は第一四修正にいう人であると判断する判例を引用することができないことを認めた。

憲法は、それほど多くの言葉で〝人〟を定義していない。第一四修正第一節は三度〝人〟に言及している。まず最初に〝市民〟を定義する際に〝合衆国で出生または帰化した人〟について言及している。この言葉はまたデュー・プロセス条項および平等保護条項の両者に現れている。〝人〟はまた憲法の他の個所において、上下院議員の資格や大統領の資格に言及する中で用いられている。しかし、これらのほぼすべての例において、出生後にのみ（only postnatally）適用されるものとしてこの言葉は用いられているのである。出生前に適用しうることを示すものは一切ない。

このことは、合法的堕胎の実施は一九世紀のほとんどを通じて今日におけるよりも自由であったというわれわれの先の指摘と相俟って、第一四修正の中で用いられている〝人〟という言葉は、まだ生まれていないもの(unborn)を含んでいないことをわれわれに納得させるし、この問題が正面から提示された少数の判例の結論とも一致する。

しかし、この結論だけでテキサス州によって提起されている主張に十分答えていることにはならない、そこでわれわれは、それ以外の問題の検討に移る。

B　妊婦は、彼女のプライバシーに閉じこもっていることはできない。彼女は胎芽と後の胎児を孕んでいる(carries an embryo and later, a fetus)。それ故、その状況は、諸判例によってそれぞれかかわりのあった夫婦関係、寝室でのわいせつ物の所持、婚姻、生殖、教育とは内在的に異なる。先に触れたように、ある時点で、他の利益、母親の健康の利益や将来生育可能な人の生命の利益が大きくかかわることになるかを州が判断するのは合理的で適切である。女性のプライバシーはもはや単独ではなく、彼女の所有するプライバシーはそれに応じて判断されなければならない。

テキサス州は、第一四修正とは別に、生命は受胎で始まり妊娠中を通じて存在する、それ故、州には受胎後の生命を保護する強度の利益があると主張する。生命がいつ始まるかについての難しい問題を解決する必要はない。医学、哲学、および神学の各分野での専門家がコンセンサスに達しえないとき、人知の発展のこの時点で(at this point in the development of man's knowledge)裁判所はその答えに関して思索する立場にない。

このように最も微妙で困難な問題に関し、考え方が大きく分かれていることを指摘するだけで十分とすべきである。生命は生児出生(live birth)まで始まらないとする見解は常に強力に支持されてきた。われわれが先に指摘したように、刑事上の堕胎以外の分野においても、生命は生児出生以前に始まるので、生児出生を条件に権利が付与されるきわめて限定的な状況を除き、出生前の胎児（the unborn）に法的権利を付与することに法はためらってきた。要するに、出生前の胎児は法の世界において（in the law）あらゆる意味での人として認められたことは一切なかったのである。

X　われわれはこのようなことをすべて考慮して、生命に関する一つの理論を採用することによってテキサス州は本件で問題となっている妊婦の権利を無視（override）できるとすることに同意しない。われわれは、しかし、医学上の相談および治療を求めている妊婦が州の住民であるか否かにかかわりなく彼女の健康を維持し保護することに重要かつ正当な利益があること、そしてそれは人の生命の可能性（potentiality）を保護する際でのそれ以外（another）の重要かつ正当な利益があることを繰り返しておく。これらの利益は別個で相異なる。いずれも女性が出産予定日に近付くにつれて実質的に増大し、そして妊娠中のある時期で、強度（compelling）となる。

「母親の健康に対する州の重要かつ正当な利益に関しては、〝強度〟の地点は、現在の医学的知識に照らし、妊娠後おおむね最初の三か月間を経過した時点である。これは、すでに言及したように、妊娠後最初の三か月間を経過するまでの堕胎による死亡率が通常分娩時の死亡率を下回るという今日では確認されている医学的事実に基づく。したがって、州はこの時点以降、その規制が母親の健康の維持および保護に合理的にかかわる範囲で堕胎処置を規制できる。」この領域で是認される州の規制の例として、堕胎処置者の資格や免許制度、堕胎処置を行なう場所等に関する要件がある。

このことは、一方、この〝強度〟な時点以前の妊娠の段階において、主治医は彼の患者と相談して自己の医学的判断の下で、州による規制なしに、患者の妊娠を終結すべきであるかを自由に決定できることになる。

将来生育可能な生命に対する州の重要かつ正当な利益に関して、〝強度〟の時点は生存可能性（viability）である。

胎児はそのとき母親の子宮外で有意味な生命を送る能力を有していると考えられるからである。それ故、生存可能性がある時点以降の胎児の生命を保護する州の規制は、論理的にも生物学的にも正当性がある。州が生存可能性以降の胎児の生命保護に利益があるのであれば、母親の生命または健康を維持するのに必要であるときを除き、州はその時期での堕胎を禁止することもできる。

このような基準に照らして判断すると、合法的堕胎を母親の生命を救うために必要とされる場合に限定するテキサス州法は、余りにもその規制が広汎にすぎる。同法は、妊娠の時期を初期とその後の時期に区別せず母体の生命を〝救う〟場合を唯一の例外として堕胎処置を合法としているのであるから、本件でなされている憲法上の攻撃を切り抜けることはできない。曖昧性を理由に主張されているテキサス州法への異議申立てについては判断する必要はない。

XI　以上を要約しかつ繰り返しておくと、次のようになる、すなわち

1　妊娠時期を考慮せずに他の利益にもかかわることを認識せずに、母親の生命を救助するための堕胎処置だけ（only a *lifesaving* procedure）を犯罪から除外するテキサス州法タイプの堕胎禁止法は、第一四修正のデュー・プロセス条項に違反する。

(a)　妊娠後およそ最初の三か月間（first trimester）を経過するまでの時期については堕胎決意およびその実施は妊娠中の女性の主治医の判断に委ねられなければならない。

(b)　妊娠後およそ最初の三か月経過後の時期については、州は、母親の健康におけるその利益を促進するうえでそのことを選択するのであれば、母体の健康に合理的にかかわる方法で堕胎処置（abortion procedure）を規制できる。

(c)　将来の生育可能以降の時期については、州は、人の生命の可能性（potentiality）におけるその利益を促進す

るうえで、そのことを選択するのであれば、堕胎処置を規制できるし、母親の生命または健康を維持するのに必要である場合を除き、適切な医学的判断の下で堕胎を禁止することもできる。

2　このような判断は、かかわりのある各利益の相対的重要性、医学および法学の歴史の教訓と事例、コモン・ローの寛大な処置（lenity）、および今日の深刻な要求に一致するとわれわれは考えている。各州の規制が是認された州の利益に応じて仕立てられた（tailored）ものである限り、妊娠の期間による堕胎についてどのような制約を課すかは各州の判断に委ねられている。

【4】　合衆国最高裁ウェブスター判決（一九八九年七月三日）

本判決（Webster v. Reproductive Health Services, 492 U.S. 490）は、公的機関での堕胎施術等を禁止するミズーリ州堕胎規制法につき保険関連業務に勤務する公務員等がその合憲性を争い提訴した事案につき、その違憲性を認めた原判決を破棄しその合憲性を肯定したものである。

【事　実】　Ⅰ　ミズーリ州知事は一九八六年六月、堕胎に関する当時の州法を修正する法案に署名した。同法は二〇規定から成りその中の五規定が当裁判所の面前に提出されている。最初の規定ないし前文（preamble）には〝人間の生命は受胎（conception）で始まる、そしてやがて生まれる子供（unborn children）は生命、健康、及び幸福（well-being）において保護される利益を有する〟という規定が含まれている。同法はさらに、やがて生まれる子供は連邦憲法および当裁判所の先例に服しつつ、他の人たちによって享受されるのと同一の権利を有すると規定する。その他の規定の中で同法は、医師が妊娠二〇週を経過していると信じる者に堕胎を行う以前に、やがて生まれる子供の妊娠（懐胎）期間、体重および肺の成熟度（lung maturity）を認定するのに必要とされる医学上の検査をすることによって胎児は生存可能であるかを確認することを要求している。同法はまた、母親の生命を救うのに必要でない堕胎施術をしたりそれを援助するための公務員や施設の使用を禁止し、そして彼女（母親）の生命を救うのに必要でない堕胎をすることを当の女性に勧めまたは助言する目的で公的資金、公務員（employees）または施設の使用を禁止している。

州に雇用されている五人の保険専門職（health professionals）と二つの民間非営利団体（nonprofit corporations）は一九八六年六月、ミズーリ州西部地区合衆国地方裁判所においてミズーリ州制定法の合憲性を争うために本件集団訴訟（class action）を提起した。原告――本件での被上告人――は、制定法の若干の規定は連邦憲法第一、第四、第九、および第一四修正に違反するとの宣言および禁止命令の救済（declaratory and injunctive relief）を求めた。彼らは、〝堕胎を求める妊婦のプライバシー権〟および〝堕胎をする女性の権利〟〝医療を行う医師の権利〟等を含む種々の権利の侵害を主張した。原告は彼ら自身のためにかつミズーリ州で堕胎等にかかわるすべての医師のために……本件訴訟を提起した。二つの民間の非営利団体は家族計画の助言などをする生殖保健サービス（Reproductive Health Service）と懐胎後一四週までの堕胎援助を提供するカンザス市の家族計画協会（Planned Parenthood）である。原告は三人の医師、一人の看護師、そして一人のソーシャルワーカであり、全員ミズーリ州での公的施設での〝公務員〟であり、法律によって定義されている〝公的資金〟で彼らの仕事に対し支払いを受けている。

本件訴訟が提起された数週間後に地方裁判所は、同法のいくつかの規定の執行を暫定的に制限した。一九八六年一二月の三日間にわたる裁判に続いて同地裁は、同法の七つの規定を違憲と宣告し、その執行を禁止した（enjoined）。これらの七規定は、〝前文〟、堕胎をする前に若干の事実を妊婦に告知することを医師に要求する〝インフォームド・コンセント〟の規定、一六週後の堕胎は病院でのみ行われるという要件、生存可能性を判断するための検査義務、そして非治療的堕胎を行いまたは援助するための公的施設等の使用禁止、およびそのような堕胎を受けることを女性に勧めまたは助言することの禁止を含んでいた。

控訴裁判所は、本件上訴とかかわりのない一つの例外を除き、これを支持した。これに対しウェブスター（ミズーリ州最高法務官）による上訴を受けて合衆国最高裁は、控訴裁判所はロウ判決およびその後の最高裁判例の判断に違反しているとの理由に基づき同法のいくつかの規定を無効としたと指摘したうえで、五対四で原判決を破棄した。なお、法廷意見（Ⅰ、Ⅱ-A、Ⅱ-B、Ⅱ-C）の執筆はレンキスト首席裁判官である。

【判　示】　原判決破棄。

Ⅱ　本件はわれわれにミズーリ州法の四項目（four sections）に言及することを求めている、すなわち、(a) 前文、(b) 堕胎を行うために公的施設または公務員の使用に関する禁止、(c) 堕胎の相談に関する公的資金の禁止、および(d) 堕胎を行う前に医師に生育可能検診を課すという要件である。以下、これらにつき順次検討する。

A　すでに指摘したように、制定法の〝前文〟は〝各人間の生命は懐胎で始まる〟そして〝やがて生まれてくる子供、生命、健康、及び幸福において保護される利益を有する〟というミズーリ州議会による〝認定〟を述べている。次いで州法は、憲法および当裁判所の先例に服しつつ、当州のその他の人、市民、および居住者に利用できるすべての権利、特権、免責をいずれ生まれる子供に提供するよう解釈することを命じている。控訴審はこの前文を無効とした際に、州は堕胎の規制を正当化するためにいつ生命が始まるかに関する一つの理論を採用できないという当裁判所の一九八三年のアクロン判決（Akron v. Akron Center for Reproductive Health Inc., 462 U.S. 416, 444）を引用し、次いでロウ判決を引用した。そして控訴審は、この前文は堕胎について〝中立の判断（abortion-neutral）〟を示しており、〝非堕胎の文脈下に生命はいつ始まるかについて単に伝統的な州の特権を判断した〟にすぎないというミズーリ州の主張を退けた。堕胎を規制する一つを除く、法案のすべての規定からの唯一説得的な解釈は、〝州は当該堕胎規制をその生命理論の背景下に理解されることを意図していた〟だけのことであるというのである。

これに対し州は、この前文自体は懇願的（precatory）で堕胎に関して何ら実質的な制約を課していない、それ故、被上告人はそれを争う適格性はないと主張する。一方、被上告人は、この前文は同法の他の規定の解釈を導くことを意図した同法の発効的部分（operative part）であると主張する。例えば、前者の生命の定義は、医師が公立病院において子宮内避妊法（器具）のようなある種の避妊法を処方することを妨げていると主張するのである。

われわれの見解によると、控訴審はアクロン判決の傍論の意味を誤解している、それは、ロウ判決の下で無効とされる堕胎規制を生命はいつ始まるかに関する州の見解を具体化しているという理由で正当化できないと述べているだけである。確かに前文は、その文言上は堕胎または被上告人の医療行為を規制していない。前文はそのような種類の価値判断を示しているにすぎないと読むことができる。

何らかの具体的な方法で被上告人の行動を制約するために適用されるべきであるというそのような時がくるまで、当裁判所には仮定的な命題を判断する権限がない。われわれは、それ故、同法の前文の合憲性について判断する必要はない。

B　コネチカット州法第一八八、二一〇項は、母親の生命を救うのに必要でない堕胎を公務員がその雇用の範囲内で奨励したり援助することを違法とする。一方、第一八八、二一五項は、母親の命を救うのに必要である場合を除き、堕胎を行いまたは援助するために公共施設を使用することを違法とする。控訴審は、これらの規定は当裁判所の堕胎判決に違反すると判示した。われわれは、これと反対の見解を採用する。

控訴審は、〝公的施設へのアクセスを妨げるのは出産に賛成する政治的選択以上のものを示しているという理由で、当裁判所の最近の判決と区別する。公的施設の使用禁止により女性は、自己の選んだ医師から堕胎施術を受けることができなくなる、そして民間病院は類似の堕胎反対のスタンスを採用しているからであるという。さらにこのようなルールは堕胎を獲得するコストを増やすと同時にその時間を遅らせるというのである。

このような分析は、われわれがMaher v. Roe, 432 U.S. 464（1977）, Poelker v. Doe, 432 U.S. 519（1977）および

Harris v. Mcrae, 448 U.S. 297（1980）で退けた考えに非常に似ている。これらの判例におけるように、本件での州の判断は、〝自己の妊娠を終結することを選択する女性の道路上に政府の障害物を置いていない。〟これら三判例はすべて、たとえそうすることによって利益を得ることができるとしても、州は堕胎を容易にするための資金（resources）を約束する必要はないという見解を支持しているのである。われわれは、それ故、非治療的堕胎の施術や援助のために公務員や公的施設の利用に関するミズーリ州の制約を是認する。

C　ミズーリ州法には、自己の安全のために必要でない堕胎を受けることを女性に勧めたり相談することにかかわる三つの規定がある。第一八八、二〇五項は、この目的のために公的資金を用いることはできないとする。第一八八、二一〇項は、公務員は彼らの雇用の範囲内でそのようなスピーチをすることはできないとする。第一八八、二一五項は、公的施設でのそのようなスピーチを禁止する。控訴審は、これら三規定はすべて曖昧であるので違憲であるとした。そして女性に堕胎を勧めたり助言するために公的資金や公務員の使用を禁止するのは、権利を行使するのに必要な医学的情報を受けた後で堕胎を選択する女性の第一四修正の権利の受け入れ難い侵害であると判示したのである。

当裁判所の多数意見は、第一八八、二〇五項をめぐる争いは今では観念的（moot）であるとの被上告人に同意する、同項は違憲であることを理由に宣言的救済を求めていないからである。したがって、われわれは、地裁の判断を無効とするよう控訴審に命ずることとする。

D（略）

Ⅲ　被上告人も裁判所の友（Amicus Curiae）としての合衆国も、ロウ判決の判断を変更するようわれわれに求めている。本件事実は、しかし、ロウ判決で争点であった事実とは異なる。本件では、ミズーリ州は生育可能性が潜在的な人の生命を保護しなければならない州の利益が認められるときであると判断した。一方、ロウ判決では、テキサス州法は母親の生命が危険であるときを除き、すべての堕胎施術を犯罪としていた。それ故、本件は、テキサス州法は第一四修正のデュー・プロセス条項に由来する堕胎の権利を憲法に反して侵害しているとしたロウ判決の判示を再検討する（revisit）機会を提供していない。われわれの法廷意見において示された範囲で、ロウ判決およびその後の判決を修正しかつ限定する（modify and narrow）にとどめることとする。

【5】合衆国最高裁クルーザン判決（一九九〇年六月二五日）

本判決（Cruzan v. Director, Missouri Dept. of Health, 497 U.S. 261）は、持続的植物状態にある患者の両親による生命維持装置の除去の要請を病院が拒否できるかが争われた事案につき、本人の明確で説得力ある証拠による立証があることを必要とした上で、本件においてその要請を拒否しても第一四修正のデュー・プロセス条項に違反しないとしたものである。

【事　実】　ナンシー・クルーザンは一九八三年一月一一日夜、ミズーリ州内を走行中に車のコントロールを失った。車は横転し、クルーザンは呼吸もせず顔を溝につけた状態で発見された。医療補助員（Paramedics）は事故現場で彼女の呼吸と心拍を回復できた、そして彼女は無意識状態のまま病院に搬送された。当直の外科医は彼女を酸欠による脳挫傷であると診断した、ミズーリ州公判裁判所は本件において、無酸素状態が六分続けば永久的な脳挫傷となる、クルーザンは一二分から一四分間、酸素が脳に提供されていなかったと認めた。彼女はおよそ三週間昏睡状態にあり、その後無意識となった、医師は彼女の夫（当時）の同意を得て、彼女に栄養と水分の補給をするために彼女に胃ろう管（gastrostomy）を埋め込んだ。彼女は今も、持続的植物状態でミズーリ州の病院で横たわっている。ミズーリ州が彼女の介護費用を負担している。

ナンシー・クルーザンには事実上その精神機能を回復する見込みはないことが明らかになった後で彼女の両親

は、彼女の人工栄養、水分補給をやめるよう病院に求めた。そのような装置を除去すれば彼女は死亡することに全員同意している。病院側は裁判所の同意なしに、その要請に応ずることを拒否した。そこで両親は、州の第一審裁判所に補給の中止を求めてその許可を得た。同裁判所は、ナンシーのような状態にある人には州憲法および連邦憲法の下で死を延長する装置の取り外しを求める基本的権利があると認めた。当裁判所はまた、二五歳のときに友人とのやや深刻な会話の中で、病気やけがをすればある程度（halfway）生きることのできる場合を除き、生き続けたくないことを明らかにしたナンシーの考えは、彼女の現在の状態に照らすと、彼女は栄養・水分補給を受けたくないことを示していると認めた。

ミズーリ州最高裁は、見解は分かれたが、これを破棄した。同最高裁は、インフォームド・コンセントについてコモン・ローの法理の中に具体化されている治療を拒絶する権利を認めつつ、この法理を本件状況下に適用することにつき疑問のあることを明らかにしたのである。同裁判所はまた、州憲法の中に〝すべての状況下において治療措置を拒否する人の権利を支持〟するような広汎なプライバシーの権利を読み込むことを拒否し、〝そのような権利が合衆国憲法の下で存在するかに関して疑問がある〟と明示した。同裁判所は次いで、ミズーリ州の生前遺言法（Living Will statute）は生命の維持を強く支持する州のポリシーを具体化したものであると判断した。そして同裁判所は、若干の状況下での生または死についてのクルーザンの希望に関する友人の話は彼女の意図を判断するためには信用できない、それ故、ナンシーに代わって行使するという共同親権者（co-guardians）の見解を支持するのに十分ではないと認めた。そしてミズーリ州の生前遺言法の下で要求される書式が欠けている場合や、本件で欠けている、内在的に信用できる明確にして説得力ある証拠がない場合には、何人もそのことを主張できないと結論したのである。

これに対し合衆国最高裁は、クルーザンには合衆国憲法の下で生命維持装置の取り外しを病院に要求する権利があるかを判断するために上告受理の申立てを容れ、五対四で原判決を破棄した。なお、法廷意見（ホワイト、オコーナ、スカーリア、ケネディ各裁判官同調）の執筆はレンキスト首席裁判官である。

【判　示】　原判決破棄。コモン・ローでは、その人の同意や法的正当性がなければ、たとえ人に触れる行為であっても殴打（battery）とされていた。当裁判所は今世紀に入る前に、明白にして疑問の余地のない法の権限がない限り、他人からの干渉を受けない個人の権利ほどコモン・ローによって神聖なものとして注意深く保護されてきた権利はないと指摘した。このような身体の完全性（bodily integrity）の観念は、医学的治療に対してインフォームド・コンセントが一般に要求されるという要件の中に具体化されている。カードウゾ裁判官（Justice Cardozo）は、ニューヨーク州最高裁に在職中、この原理を適切に次のように述べた、すなわち〝成人となり健全な精神を有するすべての人間には彼自身の肉体にどのようなことがなされるかを判断する権利がある、彼の患者の同意なしに手術を施す医師は、それに対し損害賠償の責任がある暴行（assault）を犯している〟と述べたのである。インフォームド・コンセントの法理は、アメリカの不法行為法において確固として確立している。

インフォームド・コンセントの法理の論理的帰結（logical corollary）は、患者は一般的に同意しない権利、すなわち治療を拒否する権利を有しているということである。およそ一五年前の発展的な（seminal）キンラン判決（In re Quinlan, 355 A. 2d 647）まで治療を拒否する権利に関する判例の数は比較的少なかった。そして初期の大半の事案は、彼らの信仰心によって禁止されているとして、医学的処置を拒否した患者にかかわりがあった、それ故、コモン・ローの自己決定権と同様、第一修正の権利にかかわりがあったのである。しかし、ごく最近になると、生命を維持できる医学技術の進歩とともに、生命維持処置を拒否する権利にかかわる事案が急増した。

キンラン判決において、カレン・キンランは、酸欠の結果として重い脳障害に陥り持続的植物状態になった、カレンの父親は、娘の人工呼吸器を外すために裁判所の許可を求めた。ニュージャージ州最高裁は、カレンには連邦憲法でのプライバシー権を根拠として治療を中止する権利があると判示し、その要請を入れた。しかし、同裁判所は、この権利は絶対的ではないことを認め、それと主張されている州の利益とを比較衡量した。州の利益は〝身体への侵襲の程度が高まり、かつ回復の見込みが遠のくにつれて弱まることを指摘し、州の利益は同事件において譲歩しなければならない〟と結論したのである。同裁判所はまた、無能力によるカレンのプライバシーの権利の喪失を防ぐための〝唯一の実際的な方法〟は、彼女の後見人と家族に〝彼女はこのような状況においてそれを行使するかどうか〟の判断を認めることであると結論した。

しかし、キンラン判決後も大半の裁判所は、治療を拒否する権利をコモン・ローのインフォームド・コンセントまたはコモン・ローの権利および憲法上のプライバシーの権利を根拠としていた。

これらの判決が示しているように、コモン・ローのインフォームド・コンセントの法理は、医学上の治療を拒否する法的適格性（competent）のある個人の権利を伴うものと考えられている。当裁判所での問題は、ミズーリ州が本件でしたような判断をする選択を合衆国憲法は禁止しているかということだけである。「本件は、合衆国憲法は死ぬ権利（right to die）を認めているかの問題が正面からわれわれに提示された最初のケースである。」

申立人の主張が困難であるのは、ある意味におけるそれは次のような問題を伴っているからである。無能力な人は治療を拒否する仮定的な権利を通知され任意に選択することはできない、そのような〝権利〟は彼女のために、時には何らかの形で代理人（surrogate）によって行われなければならない。ミズーリ州は、処置の中止に関し能力のない人の証拠は明確にして確信ある証拠（clear and convincing evidence）による立証を要求しているとする。とすると本件での問題は、合衆国憲法は州によるこのような手続きを禁止しているかどうかである。われわれは禁止していないと判示する。

しかし、本件で提示された文脈下において州には、より大きな利益にかかわりがある。生と死の選択は極めて深刻な個人的判断である。われわれは、ミズーリ州にはより高度の証拠法上の要件を科すことにより個人的選択の保護を合法的に求めることができると考える。デュー・プロセス条項は、生命維持装置を拒否する利益と同様に生命における利益を保護することにも争いはない。

われわれの見解によると、ミズーリ州では〝明白にして説得的な証拠〟の採用を介してこれらの利益を推進することが認められていた。それ故、国外追放手続き（deportation）や親権の喪失のような手続きにも、そのような基準が要求されてきたのである。われわれは、本件手続きにかかわりのある利益は、個人と社会の両者にとって普通の（a run-of-the-mine）民事手続きより重要であるのは自明であると考える。

要するに、われわれは、持続的植物状態にあると診断された人の栄養・水分補給の中止を後見人が求めている場合の手続きにおいて州は明確で説得的な証拠の基準を適用できると結論する。

ミズーリ州最高裁は、本件において公判で提出された証拠は栄養・水分の補給装置の除去を求めている患者の希望に関する明確で説得的な証拠に相当しないと判示した。公判で提出された証拠は、主として事故の一年前に友人に語ったとされる〝植物〟としてであればもはや生きていたくないとするナンシー・クルーザンの友人への供述である。この供述は、医学上の処置および栄養・水分補給の取り外しについて語っていない。ミズーリ州最高裁はそれが下した結論において憲法上の誤りを犯したということはできないのである。

【ブレナン裁判官の反対意見】（マーシャル、ブラックマン裁判官同調）（略）

【スティヴンズ裁判官の反対意見】（略）

【6】　合衆国最高裁ケイシィ判決（一九九二年六月二九日）

本判決（Planned Parenthood of Southern Pa. v. Casey, 505 U.S. 833）は、ペンシルバニア州一九八二年堕胎規制法の五規

定の合憲性が争われた事案につき、残りの四規定全部を合憲とし、夫への通知規定のみを違法としたものである。

【事　実】　本件で争われたのは、ペンシルバニア州一九八二年堕胎禁止法の五つの規定である。同法は堕胎を求める女性に堕胎手続きの前にインフォームド・コンセントをし、堕胎施術の少なくとも二四時間前に若干の情報を提供することを要求している。第三二〇五条。堕胎を求める未成年者に対しては両親の一人の書面によるインフォームド・コンセントを要求しているが、その同意を得ることを希望せずまたは同意を得ることができないのであれば裁判所の同意を選択することで足りるとする。第三二〇六条。同法はまた堕胎を求める既婚女性は、若干の例外が適用されない限り、彼女の堕胎の意思につき夫に告知したことを示す供述書に署名することを要求している。第三二〇九条。同法第三二〇三条に規定された〝医学上の緊急〟の場合にこれら三規定の例外とする旨の規定に加えて同法は堕胎を行う施設への報告要件を課している。第三二〇七条。

これらの規定が発効する前に、五つの堕胎病院（abortion clinics）と一人の医師が宣言的判決および禁止命令（injunction）を求めて提訴したため各規定が違憲であるかが争われた。地裁は同規定の施行に対しとりあえず禁止命令を出し、裁判官による三日間の審理後に問題の規定はすべて違憲であると判断し、同法の施行以前に禁止命令を出した。第三巡回区控訴裁判所は、夫への通知規定を除き、規定のすべてを是認する判断を示した。

これに対し合衆国最高裁は、上告受理の申立てを容れた。そして各裁判官の見解は多岐に分かれたが、Ⅰ、Ⅱ、Ⅲ、Ⅴ-A、Ⅴ-Cに関するオコーナ、ケネディ、およびスータ裁判官の共同意見（joint opinion）にスティヴンズ、ブラックマン両裁判官が同調したため、この部分が法廷意見となった。

【法廷意見】　原判決支持。　Ⅰ　憲法は初期段階での妊娠を終わらせる女性の権利を保護していると判断したわれわれのロウ判決から一九年を経過したが、自由の法理（a jurisprudence）は未だ問題とされている。裁判所の友（amicus curiae）として被上告人が加わった合衆国は、過去一〇年間で他の五件の事案においてしたように、再びロウ判決を変更するよう求めている。

われわれは、ロウ判決によって解決された基本的な憲法上の問題である、制度の完全性（institutional integrity）の原理および先例拘束性（*stare decisis*）のルールを検討した後でロウ判決の本質的判示は維持されるのでそのことを再度確認するという結論に達した

Ⅱ　自己の妊娠を終わらせるという女性の判断の憲法上の保護は第一四修正のデュー・プロセス条項に由来する。それはいかなる州も〝デュー・プロセスによらずに、何人からも生命、自由、または財産を奪ってはならない〟と宣言している。われわれの面前にある支配的言葉は〝自由〟である。同条項を文字通り読めば、それは州が人から自由を奪いうる手続きだけを支配することを示唆しているように思われるけれども、一八八七年のMygler v. Kansas, 123 U.S. 623, 660-661以降の少なくとも過去一五〇年間、この条項はそれらを実行する（implement）ために用いられる手続きの公正さのいかんにかかわらず、一定の政府の行動を禁止する実体的要素を含むと理解されてきた。ブランダイス裁判官（ホウムズ裁判官参加）が指摘したように〝第一四修正のデュー・プロセス条項は手続きの事柄と同様に実体法の事柄（matters of substantive law）に適用されることは確立している。それ故、自由という言葉の範囲内に包含されるすべての基本的権利は連邦憲法によって州による侵害から保護されるのである。〟〝デュー・プロセスの保障は、マグナ・カルタの‚国の法による‚（*per legem terrae*）にそのルーツを有し、執行部の侵害や圧制に対する手続的保護として考えられていたけれども、この国においては恣意的立法への防壁にもなったのである。

第一四修正によって保護されている実体的自由（substantive liberty）の最も周知の例（the most familiar）は、権利の章典によって認められているそれらである。われわれは、第一四修正のデュー・プロセス条項は権利の章典のほとんどを州に編入していると判示してきた。例えば、一九六八年のダンカン判決（Duncan v. Louisiana, 391 U.S. 145, 147-

148) を見よ。連邦裁判官の裁量を抑制する手段として、ここに含まれている自由は最初の八個の修正条項の明示の規定によって連邦の介入に対し個人にすでに保障されている権利以外（no more than）には及ばないという考えには興味をそそられる（tempting）。しかし当裁判所はむろん、このような見解を受け入れたことは一切なかった。政府が介入できない人身の自由（personal liberty）があるというのが憲法の前提である。われわれは以前にこの原理を正当としてきた（vindicated）。婚姻は権利の章典のどこにも言及されていない、そして異人種間の婚姻は一九世紀においてほとんどの州で違法だった、しかし当裁判所がLoving v. Virginia, 388 U.S. 1, 12（1967）（デュー・プロセス条項に関する八人の裁判官の意見に依拠する）において、それはデュー・プロセス条項の実体的要素によって州の介入に対し保護される自由の側面であると認定したのはおそらく正しかった。同種の事例は【2】グリスウォルド判決等にも見られる。

われわれの中には、個人として堕胎はわれわれの最も基本的な道徳性（morality）に反すると考える人は存在する、しかしこのことは、われわれの判断を規制しない。われわれの義務はすべての自由を定義することであり、われわれ自身の道徳律（moral code）を命ずることでない。根底にある憲法問題は、妊娠自体が彼女の健康または生命に危険である、または強姦や近親相姦（incest）の結果であるという稀な状況での問題を除いて、女性にはこれらの哲学的問題をおよそ選択する資格がないというそのような断定的方法で解決できるかどうかである。

われわれの法は、婚姻、出産、避妊、家族関係、子供の育て方、そして教育にかかわる個人の決意に憲法上の保護を提供している。われわれの判例は、結婚か独身か、子供をもうけるか否かのような、人の個人的事柄に関する判断への政府の介入を受けない自由に対し憲法上の保護を提供している。われわれの先例は〝州が介入できない私的な家族生活の王国（realm）を尊重してきた。〟人が人生においてなしうる最も親密で個人的な選択、個人の尊厳（personal dignity）と自律の中心にある選択、これらにかかわる事柄が第一四修正によって保護される自由の中心である。自由の核心にあるのが宇宙の存在や人生の不可思議（mystery）の意味について自己自身の考えを定義する権利である。

これらの考察は、妊娠を終わらせる女性の利益に関するわれわれの分析の始まりであるにすぎない、それは次のような理由による。堕胎の決意は良心と信念の領域で始まるけれども、それは哲学的問題（philosophic exercise）以上のものである。堕胎は、ほかとは比較できない行動（unique act）である。それは他者に対する結果を伴う（fraught）行為である、すなわち彼女の決意と密接にかかわりつつ生きていかなければならない女性、堕胎を行い、それを援助する人、配偶者、家族等、および堕胎される生命ないしその萌芽にかかわりがある。堕胎は行為であるけれども、州（国家）はいかなる状況下においてもそれを禁止する権限があるということにはならない。女性の自由は、ある意味で他とは比較できない人間の状態にかかわりがあり、法にとってもそうであるからである。子供を最終期まで孕み続ける女性は、彼女だけが耐えなければならない心配、肉体的緊張、苦痛にさらされる。このような犠牲は人類の当初から誇りを持って女性が耐えてきたということだけで、国家が女性にそのことを強制できるということにはならない。彼女の苦労（suffering）は余りにも私的かつ個人的事柄であるので、それ以上のことがなければ（without more）、国家は、われわれの歴史およびわれわれの文化においてそのことがどれほど支配的であったとしても、女性の役割に関するそれ（国家）自身の判断を女性に強要することはできない。女性の運命は、その大部分において彼女自身の彼女の精神的規範（imperative）および彼女の社会における立場（place）についての彼女自身の考えに適合（shaped）したものでなければならない。

さらに堕胎の決意は若干の決定的側面において、グリスウォルド判決が憲法上の保護を提供した避妊具の使用に関する判断と同じ性格を有する。それらは女性の自由にかかわるロウ判決での理由付けを支持する。それらは、生殖（procreation）の意味だけではなく、人間の責任とそれへの敬意にもかかわる個人の決意を含むからである。

ロウ判決が保護しようとしたのは、このような個人の自由の次元であった、そしてその判断は人の実体的自由(substantive liberties)への保護を是認し、われわれが今までに検討してきた先例の理由付けと伝統を援用していた。ロウ判決は、もちろん、これらの判例の拡大だった。州の議会が彼女の妊娠を終わらせることを選択する際の女性の利益をより重視(outweigh)できるその範囲は、ロウ判決およびそれに続いた判決での議論のテーマだった。

われわれは、われわれの面前での事件においてロウ判決は変更されるべきであるとの主張の重さを評価するけれども、それは先例拘束性の力に適合(combined)したものでなければならない。われわれは次に、その法理に移る。

Ⅲ　A　先例に従うという義務は必要性とともに始まる、そしてそれとは逆の必要性がその外枠の制約を示す。われわれは、カードウゾ裁判官とともに、いかなる司法制度であっても各事案で新たに生じた争点に目を向けないのであれば社会の役割を果たすことはできないということを認める。Cardozo, The Nature of the Judicial Process 149 (1921) を見よ。実際、われわれ自身の憲法の根底にある法の支配の概念は、先例に対する敬意を不可欠とし、そのような時間をかけた継続性(such continuity over time)を要求している。他方の端に、それとは異なる必要性から従前の司法判断が明らかに誤りとみなされるべきであるというのであれば、それに死刑を宣告(doomed)すべきであるという考えがある。

先例拘束性のルールは〝不変の命令(inexorable command)〟ではない。そして当裁判所は、従前の判示を再検討するとき従前の判示の変更と法の支配の観念との一貫性を検討し、以前の判例を再確認と変更することの各コストを正確に判断してきた。

われわれは本件において、ロウ判決の中心的ルールは機能していないと認められているか、このルールの州の権限への制約はそれに依拠してきた人々への重大な不公正またはそれによって規制される社会の安全性への重要な損害なしに除去できるか、その後における法の発展はロウ判決の中心的ルールを社会によって割り引かれる教条的時代錯誤（doctrinal anachronized）にしてしまったのか、そしてロウ判決の事実の前提は、その後の二〇年間において変化してしまったため、その中心の判示はそれが言及した問題を処理するのに関係がなくなり正当化できなくなったのか、これらを調査することができる。

1　ロウ判決は、もちろん、政府の侵害に対し保障される個人の選択の行使に影響する州法の評価を要求しており、そのような評価の必要性は本日の判断の結果として残されているけれども、必要とされる判断は司法機能の範囲内にある。

2～4（略）

5　ロウ判決は、反対を引き起こしたが、機能していない（unworkable）のではない。すべての世代は社会において行動する女性の能力を定義する際にロウ判決の自由の観念を前提とする年代に達している。自由や個人の自律に関する原理の浸食（erosion）はなく、ロウ判決の中心の判示はなお残っている。個人的なためらいがどれほどのものであるにせよ、それを変更せず通常の先例拘束性の分析の限界内においてロウ判決の中心的判示を維持し、それを変更しないことへのより強い支持がある。

B　それほど重要でない事案での先例拘束性の分析であれば、われわれが到達したこの時点で終えることができるし終わっていたであろう。しかしロウ判決が引き起こした広範な論争は、同判決と全米的な話題となった他の判決との比較を必要とする。そのような過去の判例の二つだけが検討に値する。そしてこれらの事例によって到達された結論は、われわれが本日適用する原理と一致している。

最初の事例は、ホウムズ裁判官によれば、自由放任の理論（the theory of laissez-faire）を採用したというロクナー判決およびそれと同一の一群の判例である。ロクナー判決において当裁判所は、成人女子に最低賃金制を雇用者に要求することを憲法によって保障された契約の自由の侵害であると判示し、一九二三年のアドキンズ判決（Adkins

v. Children's Hospital of District of Colombia, 261 U.S. 525）においてその判示がそのまま適用された。その一四年後のパリッシュ判決（West Coast Hotel Co., v. Parisch, 300 U.S. 379）はアドキンズ判決を変更することによってロクナー判決の終焉（demise）をもたらした。その間に大恐慌（Depression）が始まった。そしてそれとともにアドキンズ判決において保護された契約の自由の解釈は人間の幸福をもたらすための規制されない市場の力（capacity）に関する基本的に誤った前提に依拠しているという教訓が明らかとなった。

二つ目の事例は、第一四修正の平等保護を適用するために分離すれども平等を採用する一八九六年のプレッシー判決（Plessy v. Ferguson, 163 U.S. 537）とともに始まった。同判決は、アメリカ社会の法的装置によって強行された人種別離政策（racial separations）は黒人を劣ったものとして取り扱っているという主張を退け、立法府による公共輸送機関での人種別離の命令は平等保護の否定ではないと判示した。プレッシー判決での多数意見の裁判官が歴史的事実としてそのように考えたかどうかはともかくとして、このような人種別離の意味についての理解が最高裁の意見において正当化理由として述べられていたのである。しかし、このような事実およびルールを正当化するために述べられた理解は一九五四年の第一次ブラウン判決（Brown v. Board of Education, 347 U.S. 483）において退けられた。

C　パリッシュ判決によるアドキンズ判決批判およびブラウン判決によるプレッシー判決批判を正当化する状況を検討すると、当裁判所が両判決でしたように、変更しなければ大変な代価（terrible price）を支払うことになることが十分に示されている。われわれの分析がこの時点で明らかにしているように、本件事案においてロウ判決を変更すれば大変な代価を払うことになろう。もっとも、ロウ判決の中心的な判断を変更すれば先例拘束性の原理の下で正当化できない結果がもたらされるだけでなく、法の支配に奉仕する国の最高裁判所として司法権限を行使する当裁判所の力を大いに弱めることにもなるであろう、このことを説明することなしに、われわれの分析は完成しないことになる。なぜこのようになるのかを理解するには、当裁判所の権限の源、その保持のために必要な条件、および憲法に基づく共和国（constitutional Republic）としてのこの国それ自体とのかかわりを理解することが必要である。

アメリカ政府の権限のルーツは、憲法によって合衆国司法部とりわけ当裁判所に付与された権限の事例（the instance）に最も明確に示されている。それを受け継いできた世代のアメリカ人が正しく告知されているように、当裁判所は金を使うことによってその判決に対する支持を買うことはできない。そして小さなものを除き、それはその判決（decrees）への服従を独立に強制することはできない。当裁判所の権限は、その正統性（legitimacy）にあり、それは国の法が何を意味しているかの判断、そしてそれが何を要求しているかの判断が適切（fit）であるとして司法判断を受け入れる国民の中にそのことが示されている、実体および知覚（substance and perception）の産物である。

この正統性の根底にある実体は、もちろん憲法の中にある、当裁判所の判決に対する保障（warrant）であり、かかる実体は当裁判所の意見の中で明らかにされている。そしてわれわれの現在の理解によれば、原理に基づいた正当化理由（principled justification）のない判決はおよそ司法行為（judicial act at all）ではない。しかし、正当化理由が適切な法的原理によって提供される時であっても、何かそれ以上のものが必要となる。原理に基づいた正当化理由があるという良心的主張のすべてが必ずしもそのようなものとして受け入れられないのであるから、主張される正当化理由は議論の余地のないものでなければならない。それ故、当裁判所の正統性は、それらの原理に基づいた性格が国民によって十分に受け入れられる状況下で法的原理に基づいた判決（legally principled decisions）をすることにかかっているのである。

このようなものとして認識されるべき原理に基づいた行動の必要性は、当裁判所その他の上訴審が従前の判決を変更するときには、常にある程度含まれている。このことは、もちろん、当裁判所は大半の事案において完全に満足できる説明をしてきたという意味ではない。人々は、当裁判所の言葉の中には理解し難いものがあること、そして当裁判所の裁判官は、時に彼らの先任者が避けた（eluded）重要な事実を認識したり既存の判決からの離別を正当化する法の原理を理解できないことを知っている。しかし、一つの司法に由来するルールが他のルールに代わるとき最も直接に影響を受ける人々にとって、その逆転（upsetting）がどのようなものであるにせよ、国民（the country）は当裁判所の正統性を必ずしも疑問とすることなく若干の匡正（some correction）を時には受け入れることができるのである。

しかし、当裁判所は二つの状況において、従前の状況を変更する際に疑わしいときは有利に（the benefit of the doubt）の考えをほぼ確実に認めていない。第一、そのような判断は判例の変更を正当化する種々の理由付けにもかかわらず、そのような判断は通常正しく認められているように、少なくとも以前の判例は誤っていたという指摘であることをわれわれは忘れることができない。従前の裁判所のせいにできる（can plausibly be imputer）誤りの量（amount）は限られている。この限界を越えると、従前のルールの不安（disturbance）が短期間に特定の動き（drive）に道を譲ってしまったという証拠として受け取られることになろう。そして当裁判所の正統性は度重なる変動とともに薄れることになろう。

この第一の状況は、仮定として描写されうる、第二の状況は、本件でまさに問題となる点である。裁判所としての義務を果たす際に当裁判所が、ロウ判決および、稀ではあるが、それと比較できるケースの中で反映されている極度に分かれていることを、そのような方法で判断する場合、その判断は通常の事案の判断には伴わない次元のものである。当裁判所の憲法解釈が憲法に関する共通の命令を受け入れることによって全国での両陣営の争点を終わらせるとき常に生ずる次元のものである。

当裁判所は、この種のことを度々求められるのではない。われわれは今までに二度、ブラウン判決とロウ判決においてそのような全国民に向けての発言が求められたにすぎない。しかし、当裁判所がこのような方法で行動するとき、その判断は、稀ではあるが同様に、それを変更してその実施を妨害する不可避的な先例の効力に反対する努力に直面することになる。これらの努力の中には原理に基づかない情緒的反応にすぎないものもあるが、十分に尊敬に値する原理に基づくものもある。しかし、反対の前提がどのようなものであるにせよ、受け入れられてきた先例の基準の下での唯一最も説得的な正当化理由は、最初の判断を変更するというその後の判断は政治的圧力に屈したものでない何かであり、かつ当裁判所が最初の事件でその権威を賭けた原理につき正当化できない批判があることを十分に示すことである。そうであるから分岐点として（watershed）のロウ判決を再検討する非常に強力な理由が欠けており（the most compelling reason）、何ら重大な疑問がないにもかかわらず砲火を浴びている一方だけに偏するのは当裁判所の正統性を破壊（subvert）することになろう。

本件における当裁判所の義務は明らかである。当裁判所はすでに一九七三年に対立していた堕胎をするという個人の選択を制限する政府の権限に直面した、これに対し当裁判所は、第一四修正によって保障されているデュー・プロセスに基づいた新しい解決策を提供した。新しい社会的コンセンサスがこの問題に関して生じているか否かにかかわらず、その分裂（divisiveness）は今日においても一九七三年当時と同様（no less）であり、そしてそれを変更せよとの圧力は、それを保持せよとの圧力と同様、より激しくなったにすぎない。このような状況下においてロウ判決の本質的な判示を変更するという判断は、それが誤りであったことに言及することとなり、誤りがあったのであれば、当裁判所の正統性および法の支配への国民の信任（commitment）を不必要に害することとなる、それ故、ロウ判決の当初の判断の本質（essence）を維持することが肝要（imperative）である。そしてわれわれは本日、そのように判示する。

【7】 合衆国最高裁ラニール判決（一九九七年三月三一日）

本判決（United States v. Lanier, 520 U.S. 259）は、その執務室において現職裁判官が五人の女性を性的に暴行し彼女らの憲法上の権利を侵害したとして合衆国法典第一八篇第二四二条（18 U.S.C. §242）の下で有罪とされたところ第六巡回区が全裁判官関与の九対五の判決で問題の憲法上の権利は合衆国最高裁判決で従前確認されたことはなかったことを理由に有罪判決の取消しを命じた事案につき、全員一致でこれを破棄したものである。本判決は女性の自己決定権に関わる周知のクルーザン判決等を引用しつつ、実体的デュー・プロセス違反を強調する第六巡回区の反対意見を全員一致で採用したものである。複雑な事実関係についても一部重複するが、判文に即して第六巡回区での争いを詳しく紹介した上で本判決を紹介することとしたい。

第六巡回区ラニール判決（United States v. Lanier, 73 F. 3d 1380）は、法の外観の下に行動した者による故意の権利剝奪を刑事罰とする連邦法の下で州の裁判所職員への性的暴行で有罪とされた州裁判官が控訴した事案につき、性的暴行は身体の完全性に対する憲法上の実体的デュー・プロセス違反に当たらないとして起訴の取消しを命じたものである。合衆国最高裁の全員一致の判決で後に破棄差し戻されたが、その意味内容を正確に理解するには四裁判官同調の反対意見の詳細な検討が欠かせない。以下、順次紹介しておく。

【多数意見】　Ⅰ　本件提示の問題　本件は有罪とされたテネシー州裁判官D・ラニールによる直接の刑事控訴である。彼は、連邦刑事法典の中にある七〇〇以上の犯罪の中でも最も抽象的な文言で表現された連邦法典第一八編第二四二条（18 U.S.C.242）に関する解釈問題を提起している。第二四二条は南北戦争に続く再建時代（the period of Reconstruction）の一八七四年に従前の法律を法典化して採用された。同条はそれ以上の定義なしに〝法の外観（color of any law）〟の下に何人かによって犯された故意の〝憲法によって保護された……権利の剝奪〟を犯罪とする。われわれが解釈しなければならないのは、このような大まかな文言（broad language）である。本件での問題は、州の裁判官による州の裁判所職員への性的嫌がらせおよび性的暴行はこの連邦犯罪法に違反するかである。本件で適用されたこの制定法は性的犯罪に明確に言及していないので、性的非行（sexual misconduct）をこの中に含めるのは当初の目的を越えてその意味を拡大解釈することになる。それ故、本件での問題は、連邦刑事法に関する確立した制定法解釈と一致した理論を可能な限り明らかにすることである。

合衆国最高裁は第二四二条の合憲性を一票差で支持した一九四五年のスクルーズ判決（Screws v. United States, 325 U.S. 91）において、当該制定法は余りにも不明確かつ曖昧であるのでデュー・プロセスの基準に合致しないという反対意見の主張を僅差で（narrowly）退けた。

本件は、厳格な刑法解釈の原理に加えてわれわれの刑事法の基礎を形成する多くの基本的命題を示している。被告人の行為がどれほど異常なものであるとしても、彼は連邦法によって創設された相当な犯罪で告発されていなければならない。裁判所は、コモン・ローの解釈手続きを用いることによって刑事法を創設・拡大できない。議会が犯罪とする行為に関して明確に規定していないのであれば、裁判所は、新しい連邦犯罪を創設することによって被告人に刑事上の責任を負わせるべきでない。

本件において西テネシーの田舎町出身で州のエクイティ裁判所の裁判官（a State Chancery Court judge）である被告人は、十一件の訴因で大陪審により起訴された、そのうちの三訴因は重罪の訴因であった。この重罪の三訴因（第六、第七および第一〇訴因）は、彼との性的行為を一人の女性に故意に〝強要〟した事案で彼を告発していた。訴因の八番目は、女性に〝触れたり〟〝その胸と尻をわしづかみにしたり〟あるいは〝彼の性器を見せたり〟した等々の〝故意の性的攻撃〟で彼を告発していた。強制的な性的行為で彼を告発した重罪の三訴因は、二人の女性に関わりがあり、他の軽罪の八訴因は、それ以外の六人の女性に関わりがあった。各訴因において憲法上の権利の剥奪は、第一四修正の下で〝法のデュー・プロセスなしに自由を奪われない権利〟として抽象的な文言で記述されている。政府（検察側）は各事案において、被告人は〝故意の性的攻撃〟をするためにエクイティ裁判所の裁判官としての自己の地位を利用することによって〝法の外観の下に〟行動したと主張する。

地方裁判所は、第二四二条の下で犯罪として記述されていないことを理由に大陪審起訴の取消し（dismiss the indictment）を求める被告人の申立てを却下した。性的犯罪事案への同法の適用を限定して〝憲法違反になるのは、正当化されない接触やわしづかみではなく、人の良心にショックを与えるほど重大な性質の物理的虐待だけである〟と地裁は陪審に説示した。陪審は、重罪の三訴因のうちの二訴因および軽罪の八訴因のうちの五訴因で被告人を有罪とした、そして地方裁判所は彼に合計二五年の拘禁刑を言い渡した。これに対し彼は、第二四二条の下で連邦犯罪であると記述されていない等々の理由を挙げて控訴した。

われわれは、当該制定法の立法史、判例法、刑事制定法の拡大に関して古くから確立している裁判所の抑制の伝統を検討し、この曖昧な制定法は単純な犯罪や性的暴行の犯罪をその適用範囲に含めるという国民への告知（notice to the public）を欠いているため、第二四二条の下で提起された性的嫌がらせおよび暴行に関する大陪審起訴は、被告人の申立てに基づき取り消されるべきであったと結論する。

検察側は性的暴行は憲法上の犯罪であると主張する際に、この実体的プロセス（に違反する）性的暴行の犯罪は〝裁判所および陪審の良心にショックを与える身体の完全性（bodily integrity）への介入〟として定義されると申し立てている。検察側は、専らこの理論に依拠しており、平等保護条項に違反する女性の抑圧や差別に関わる性的攻撃に対するジェンダーを根拠とした犯罪を是認したりそれを主張することもしていない。それ故、われわれは、検察側によって主張されている実体的デュー・プロセス違反、すなわち〝良心にショックを与える犯罪〟だけに言及することとする。

Ⅱ　第二四二条は異例（unusual）な制定法であり、立法史上おそらく二つとない（unique）規定であろう。「第二四二条は連邦制定法の法典化の一部として一八七四年に採用された。それは、一八六六年と一八七〇年の市民権法（Civil Rights）および一八七一年のクー・クラックス・クラン法（Ku Klux Act）の一部として採用された三つの従前の各条文を併合したものだった。議会は一九〇九年、同法に〝故意（willfully）で〟という文言を付加した。これらの立法行為がこの法律の基本的文言（basic language）を創り上げたのである。」

一八七四年法の大まかな文言、それ故、第二四二条の現在の文言は、一八六八年、一八七〇年および一八七一年の各制定法を法典化する際の誤解ないし混乱の結果として生じたことは明らかである。

したがって、連邦議会のメンバーは、既存の連邦法の再法典化を成立させた際に何かを変更することに無意識（unwittingly）に気付いていたかもしれないけれども、性的暴行や単純な暴行を第二四二条の下で憲法上の犯罪とする意図を有していなかったのは明らかである。

連邦議会は一八七四年以降、第二四二条の抽象的な文言によって適用されうる権利の範囲に言及したことはなかった。それ故、われわれの立法史の解釈によれば、新しく創造されたすべての憲法上の権利をカバーするために第二四二条の抽象的な文言を拡大したことを裏付けるものはない。

Ⅲ　A　憲法上の犯罪としての性的暴行に関する判例法

検察官（government counsel）は、その趣意書および口頭弁論において、本件での大陪審起訴を維持するには第二四二条の下で〝剥奪された憲法上の権利〟の背後にある理論を明確に定義しなければならないことを認めている。州法の下で犯罪とされる州の公務員による不行跡を指摘するだけでは十分でないことを認めているのである。

検察官はきわめて高度な一般性のレベルで議論している。彼らは問題の憲法上の権利は実体的デュー・プロセスの一つであると主張する。〝性的攻撃からの自由〟は〝良心にショック〟を与える方法による〝身体の完全性〟への介入を禁ずる一般的な憲法上の権利の一部であるというのが、彼らの憲法上の主張である。

いずれも検察側によって引用されていない一九九〇年のクルーザン判決および一九九二年の【6】ケイシィ判決において最高裁は、重要な価値として〝身体の完全性〟に言及した。クルーザン判決は生命維持装置を除去する個人の決意の文脈下に身体の完全性を論じた。それと同様にケイシィ判決において最高裁は、堕胎の権利は〝身体の完全性〟に関係することを認めた。しかし、いずれの判決も、暴力とは関わりがない性的嫌がらせを受けない州法上の権利や〝身体の完全性〟に適用できる一般的な憲法上の権利の構成要素（component）が最高裁によって是認されてきたという検察側の主張を裏付けていない。検察側が〝性的攻撃から自由〟な一般的な憲法上の権利を〝良心にショックを与える〟行為に限定する必要があると認めていることは、彼らの憲法理論の弱さを示している。このような理論に沿って地方裁判所は、本件での性的暴力が陪審の〝良心にショックを与える〟ほど激しいものであったときにのみ被告人を有罪とできると陪審に説示したのである。

被告人の特定の行為が〝良心にショックを与える〟ことを当該権利の必要条件とするのは、当該犯罪の定義を空中に放り投げることになる。〝良心にショック〟という文言は、薬物獲得のために被疑者の胃を洗浄する（pumping）のは〝良心にショックを与えた、〟それ故、彼のデュー・プロセスの権利を侵害したと判示したローチン判決に由来する。しかし最高裁は、この基準を刑事犯罪の構成要素でなく裁判官によって解釈・適用される法の一つであることを意図していた一定の行為が良心にショックを与えるものかという事実問題の判断を陪審が求められたときに陪審への説示は、恣意的な判断をすることを彼らに求めたことになる。〝良心にショックを与える〟というのは余りにも不明確で犯罪の告知をしたことにはならないからである。

B　刑事制定法の解釈の基準

当裁判所は一九二六年のコナリー判決（Connally v. General Construction Co., 269 U.S. 385, 391）において、〝新しい犯罪

を創設する刑事制定法の文言はその適用を受ける人に彼らのどのような行為によって彼らは刑罰を科せられるかを十分に明示したものでなければならない〟と述べた。この文言は、今から一七五年前にウィルトバーガ判決(United States v. Wiltberger, 18 U.S. 76, 93)においてマーシャル首席裁判官によって明らかにされた刑事制定法の解釈を支配する三つの一般的基準、すなわち、(1)司法部でなく立法府が連邦刑事法の分野での第一の法制定機関であるので解釈のための何らかの明確な定義を与えなければならない、(2)〝寛大な処罰のルール(rule of lenity)〟は曖昧な刑事制定法は被告人に有利に解釈されるべきであることを要求する、(3)刑事制定法は裁判所によって通常厳格に解釈されているという結果(corollary)に由来する。

マーシャル首席裁判官は、連邦議会には刑事制定法を起草する唯一の責任があると判断した。それは新しい犯罪を創造する権限を有する政府の唯一の部門である。彼が指摘したように、〝刑罰の権限は司法部門でなく立法府に委ねられている。犯罪を定義してその処罰を命ずるのは裁判所でなく立法府である。〟

本件で被告人には連邦法の下で刑事上の責任があると判示するのは、マーシャル首席裁判官がそれに対し警告した誘惑に負ける(succumb to the temptation)ことになろう。法は、制定法の下で処罰されうる犯罪と〝同等の残虐行為ないし同種の性格〟を有する一連のおぞましい行為(repugnant acts)を犯した被告人を処罰するであろう、しかし、そのような行為は連邦の憲法上の犯罪であるという制定法上の文言も最高裁の判断もない。そのような連邦犯罪に関する国民への告知はなかった。そうでない(otherwise)と判断するのは、マーシャル首席裁判官時代から刑事事件において発展してきた法の支配に反することになろう。

C　スクルーズ判決の解釈

一九四五年のスクルーズ判決(Screws v. United States, 325 U.S. 91)は、同判決での三人の反対意見(ジャクソン、フランクファータおよびロバツの各裁判官)が繰り返し指摘したように、十分に確立した刑法解釈の基準から一部逸脱している（diverges in part）。

被告側弁護人が主張するように、連邦、州および地方の公務員によって犯された単なる性的暴行を〝良心にショックを与える〟ことを理由に連邦上の起訴を認めれば、連邦の法執行官、検察官および裁判官の手中に不均衡で先例のない裁量権を与えることになろう。当該犯罪の範囲に関する定義や限定が欠けており――かつそのような起訴は有用な政治的武器になることに照らし――そのような裁量を認めるのはデュー・プロセスに対する特段のリスクとなる。多くの公務員や職員が類似の逸脱行為で最近告発されているが、本件以外の事案では起訴されていない。今までに知られておらず宣告もされずかつ定義のない憲法上の犯罪に対する本件での大陪審起訴を維持することは認められない。したがって、下級審の判決を破棄し、本件起訴を取り消すよう同裁判所に指示する。

責められるべき行為で有罪とされた被告人を自由の身にすることは望ましい結果ではない、しかし、それは連邦主義、司法権と立法権の分離、および新しい犯罪が制定化されるときには、国民への正式な告知という長年存続してきた原理によって要求された結果である。被告人の行為は注目されずに放置されたものでないことも指摘されるべきである。彼は裁判官としての職を失い、その収入および彼の名声を失った。彼は本件控訴の係属中の二年間、連邦刑務所に収容されていた、そして今後長年にわたり州裁判所に起訴されることになろう。テネシー州刑法典は第五〇六条以下で〝加重強姦〟〝強姦〟〝加重性的殴打〟および〝性的殴打〟を定義し、これらの各犯罪の時効（statute of limitation）はそれぞれ一五年、八年、八年、そして二年である。

【ドートリィ巡回区裁判官の反対意見】（四裁判官同調）

多数意見は本日、現職の州裁判官による裁判所職員または裁判所の関わるプログラムへの参加者に対し行われた性的暴行を合衆国法典第一八編第二四二条（18 U.S.C. §242）は禁止していると最高裁は判示したことはないという理由で、第二四二条の下での被告人の有罪判決を破棄し、彼に対する訴追は行ってはならないと宣明する。このような結論は、連邦憲法はそのような攻撃に対する保護を提供していないとの多数意見の判断に基づいたものである。私は、多数意見とは異なり、そのような憲法上の保護は十分に確立していると考えるので反対する。

I　多数意見は、第二四二条の立法史の徹底的な検討の成果をやや詳細に検討している、しかし欠落しているのは、当該文脈下で憲法分析をするのに極めて必要な本件の事実史の簡単なスケッチすらしていないことである。これらの事実は、最初に本件控訴を担当した三人の裁判官の合議体によって以下のように公正かつ均衡を欠くことなく要約されている、すなわち

公判で提出された証拠によると、被告人はテネシー州D郡で出生し事実上その人生のすべてをそこで過ごした。被告人は政治的に著名な一族の出身である。被告人は一九八二年にはじめて第二九裁判区のエクイティ裁判所裁判官に選出される以前テネシー州D郡の市会議員と町長（alderman and mayor）を勤めた。被告人は一九九〇年に再選され、本件の係争中に職を失うまでエクイティ裁判所裁判官の地位にあった。

被告人はエクイティ裁判所裁判官として、主に離婚訴訟や遺言検認（probate）事項および境界線の争いなどを担当した。巡回区裁判所も離婚事件に関し管轄権を有していたが、被告人はL郡およびD郡での子供の養育等を含む離婚事件の八〇ないし九〇％を担当していた。さらに被告人は上記地区において少年裁判所裁判官をも兼務していた。

⑴　被告人は一九八九年、サンダーズ（S）をD郡少年裁判所の少年補導員（Youth Service Officer）として採用した。Sは少年補導部門での責任者になるはずだった。被告人は採用のための彼女の面接時に自分だけが少年補導員を採用する権限を持っていると語った。被告人は少年補導員を解雇する権限をも有していた。

彼女（S）の事務室で行われた仕事の点検のためにSは、被告人と毎週会うことを要求された。被告人の執務室で行われた毎週の面会時に被告人は、彼の机から立ち上がり椅子に座っていたSの横に座った、そして二

人の会話中に彼女の胸をわしづかみにして強くもんだ。Ｓは驚いて被告人の手を引き離そうとした、しかし、被告人はＳに怖がることはないと言った。

Ｓはできるだけ早く面会を切り上げた。彼女は現に起こったことを誰にも話さなかった、被告人は裁判官であり地区の有力者でもあるので、誰も彼女の話を信じてくれないと考えたからである。Ｓはその後、被告人に電話をかけ彼に会う必要があると告げた。彼女は被告人の執務室に出かけ被告人の前記行動を認めることはできないと彼に話した、そして彼から謝罪の言葉を受け取った。しかしその後、彼は彼女の仕事の質について文句を言い始め、彼女から責任者の地位を奪った。彼女は法廷で、彼と会って謝罪を求めた報復として彼は責任者の地位を彼女から奪ったと思うと証言した。仕事を辞めることを考えつつその職に留まったのは、彼女が担当している子供達に役立っていると信じたからであると彼女は証言した。（中略）

(2)　Ｖ・アーカイエ（Ａ）はＤ郡で育ち、ラニール一族のことをよく知っていた。彼女は一九八八年に結婚し、一人の娘を生んだ。彼女は翌年離婚した。被告人は彼女の離婚訴訟を担当し、彼女の娘の親権（custody）を彼女に与えることを認めた。

一九九〇年当時、仕事がなくＡは両親と一緒に生活していた。Ａは裁判所で働ける仕事のあることを知った。彼女は裁判所に出かけて、秘書の地位の申請用紙を提出し執務室にいる被告人と会った。彼らの最初の面会時に被告人は、彼女の父親が当日彼に会いにきたと彼女に告げた。そして父親は、彼女は良い母親でないと告げ、彼女の娘の親権を自分に任せて欲しいと述べたというのである。

Ａは驚いて娘を取り上げるつもりですかと被告人に尋ねた。被告人は、自分はそのような事件を担当する裁判官であるのでそのことについて話すことはできない、秘書の仕事はすでに他の人に約束していると彼女に告げた。Ａは、その仕事が欲しいのでそれを手に入れるためには何でもしますと被告人に告げた。そう言わなければ（otherwise）被告人は彼女から娘を取り上げる権限があるのでそのように言ったと彼女は証言した。

辞去する際にAは、被告人と握手するために机の横を通った。このとき被告人は、彼女の手を摑み彼女の身体を彼の机の端に押し付け、さらに彼女の首と毛髪をつかんだ。Aが止めて下さいと言って彼を押しのけようとすると、彼は彼女の首を捻じ曲げ彼女を愛撫しようとした。被告人はAの毛髪と首を引っ張り続け、彼女を一回転させて彼女を椅子に放り投げた。被告人は次に［彼女のジャケットの下に彼の手を置いた、そして繰り返し彼の舌を彼女の口の中に入れようとした。］Aは押しのけようとしたが、その度毎に彼はさらに強く彼女の首を押し続けた、そして最後に被告人は、Aの前に立ち彼のペニスを露出し彼女の首を下向きにさせ彼女のあごを開けさせた。彼は次に、ペニスを彼女の口に無理に押し入れ強い力で腰を前後に動かし始めた。このため彼女は喉とあごを痛めたとAは証言した。

被告人はAの口の中で射精するまで止めなかった。泣いていたAは立ち上がり、被告人のバスルームに入り口と顔を洗い、やっと裁判所を立ち去ることができた。被告人が彼女を襲ったとき彼女は大声を出さずこの件を誰にも話さなかったのは、彼が娘の親権を彼女から取り上げることを恐れたからである［被告人の兄弟は同地区の検察官だった］と彼女は証言した。

被告人は二、三週間後、Aの自宅に電話をかけ彼女の母親に秘書の仕事を彼女に用意していると伝えた。被告人はその面接場所についてはAの母親に何も言わなかった。情報が欲しければ本人が執務室に来るようにと母親に伝えた。Aはためらったが、母親に強く言われ彼の電話番号に電話した。そしてAは繰り返し被告人に面接場所を電話で教えて欲しいと頼んだが、彼は情報が欲しければ執務室に来るようにと告げた。もし出かけなければ両親が彼女のことを怒るであろうし、先の攻撃について両親に話してしまったと被告人は思うのではないかと考え、Aはついに執務室に出かけた。

彼女が被告人の執務室を訪れると、被告人はW医師のところで秘書の口があると彼女に話した。彼女は、W医師は子供の頃からのかかりつけの医者であるので病院の場所は分かっていると告げた。彼ら二人が話している間に被告人は机をAの方に寄せていた、Aが部屋から出ようとしたところ被告人はドアを締め切り彼女にキスし始めた。彼女が〝ノー〟というと、被告人は再び彼の男性器を見せ彼女の頭を振り向かせて無理に口をあけさせ、彼女にオーラル・セックスをするよう強制した。この間、被告人はAの髪の毛を摑み彼女の頭を後ろに引っ張り続けるなどした、そのためAは苦痛を感じた。その間、Aは泣き続け、喉を詰まらせ息苦しくなり、呼吸が困難となったとAは証言した。被告人は再び彼女の口の中に射精した。彼女は泣きながらバスルームに入り、仕事の面接を受けることができるように口と顔を洗った。

被告人は公判で、Aの証言で言及されているいる機会のいずれにおいてもAと二人だけで会ったことは認めたが、彼女を攻撃したり彼女とのオーラル・セックスについては否認した。

W医師は弁護側証人として証言した。そしてAは一度も被告人からセックスを強制されたと語ったことはないと証言した。反対尋問でW医師は、被告人からオーラル・セックスを求められたこと、そして彼女がオーラル・セックスをしたとAから聞いた旨証言した。W医師はまた反対尋問で、被告人とAのことについて話し、Aは進んで性的求め（sexual favors）に応じていると被告人が話していた旨証言した。

＊　　＊　　＊

⑶　被告人は一九九一年三月、S・アタウェイ（A）を秘書として採用した、採用の一か月後に被告人は、彼女に性的話題をし始めた。彼はまた、もし彼が彼女を雇用すれば彼女は彼のためにどんなことをしてくれるかと話した。最後に被告人は、彼女のストレスを彼がどのようにして軽くできるか、そして彼のストレスを彼女がどのようにして軽くできるかを知っていると告げた。彼女はこれらのコメントは暗にセックスを指してる

と考えたと証言した。

被告人はまたアタウェイ（A）に、彼を怖がっているかと尋ねた、彼女は〝ノー〟と答えた、それは本当ではなかったけれども、脅迫に屈する弱い人間と思われたくなかったからであると彼女は証言した。被告人は彼女に、自分は裁判官であるので皆から怖がられていて当然であると告げた。

被告人はその後さらに、性的話題からAとの肉体的接触に及んだ。彼女が被告人のそばを通ると彼女の尻に触るなどした。さらにAが書類にサインをもらうために被告人の執務室に出かけたとき、彼は彼女の傍に歩み寄りその両腕を彼女の身体に投げかけた。被告人は次に［法服を着たままで］腰の部分をAに押し付けて上下運動を始めた。彼が腰の部分を彼女に押し付けてきたとき被告人のペニスが勃起しているのを感じたのでAは被告人に止めてくださいと叫び声をあげたところ、被告人は声を小さくするようにと告げた、法廷には他の人がおり、彼らがAの声を耳にすることをおそれたからである。

Aは被告人による攻撃後も仕事を辞めなかった、仕事が必要だったからである。しかしその三か月後に、仕事がよくできていないとの理由で被告人はAを解雇した。彼女は解雇された後で被告人を裁判所で見かけたところ、被告人は彼女がオーラル・セックスをするのが好きだったら二人はうまくいったであろうと彼女に告げたとAは法廷で証言した。

被告人はAの主張に関して証言し、彼女に性的攻撃をしたことは一切ないと反論した。

＊　＊　＊

(4)　一九九一年の秋、F・バンディ（B）は、麻薬のない公営住宅（Drug Free Public Housing）という連邦プログラムの仕事との関係で被告人とその執務室で会った。Bは、公営住宅に住み少年裁判所で審理されている子供を持っている両親のための新しい子育てクラスの計画を実行したかった。被告人は少年裁判所の裁判官であったので、Bは同計画についてのプレゼンテイションを彼のために準備していた。少年裁判所の子供に対する量刑の一部として彼女の計画を彼（被告人）が子供の両親に言及することを期待してのことだった。

Bの証言によると、彼女が被告人の執務室を辞去し始めたとき、被告人は彼の両腕を彼女の身体の上に置いて彼女にキスを始めた、彼女がそれを振り払おうとすると、被告人はその両腕の一方を彼女の頭の後ろに置き彼女を彼の方に引き寄せた。被告人は次にBの胸の一つを愛撫し始めた、そして彼女が彼を引き離して自由になったとき被告人が全身に口紅をつけている（had lipstick all over him）のに気付いたという。

Bは衝撃を受けパニック状態になった、そして被告人の執務室を辞去する前にバスルームに入り身づくろいをした。バスルームを出たあと、Bは被告人の机の横を通らなければならなかった。彼女がその横を歩き始めたときドアに一番近い机の端に座っていた被告人は、手を伸ばして彼の手を彼女の股間に置いた。Bは躊躇したがドアに向かって歩き続けた。被告人はその後に続き、彼女が執務室に戻ってくれば彼女の新しい計画に彼女が希望するだけの利用者（clients）を提供すると告げた。Bはこの事件を報告しなかった、彼は裁判官であり、彼女は多くの人にそのようなことを知って欲しくなかったからであると証言した。United States v. Lanier, 33 F.3d 639, 646–50 (6th Cir. 1994), vacated, 43 F.3d 1033 (6th. Cir. 1995).

このような事実に照らし大陪審は〝故意の性的攻撃から自由な権利を含むデュー・プロセスなしに自由の権利を奪われることのない権利〟に違反したとして……〝すべて合衆国法典第一八編第二四二条に違反する〟十一件の訴因から成る被告人に対する起訴状を提出した。公判で陪審は、本件での不当な行為は〝すべての状況下に人の良心にショックを与えるほど下劣で有害〟であると認められなければならないと説示された後で、悪辣な行為に結びついた二件の重罪の訴因および五件の軽罪の訴因（two felony and five misdemeanor counts）に関し被告人を有罪とした。

ところが多数意見は、第二四二条に従った本件起訴は、立法史、判例法、司法解釈の基準、および憲法上の告知の要件の検討に基づいて、不当であると判示する。私は、このような分析はそれと反対の結論を命ずる歴史的事実および法律学上の教えを無視するものであると考える。

Ⅱ　Ａ　立法史の検討

合衆国法典第一八編第二四二条（18 U.S.C. §242）は、関連部分において次のように規定する、すなわち

いかなる法、制定法、命令、規則、または慣習の外観の下に、いかなる州、準州、または地域にいる何人から合衆国の憲法または法律によって保障ないし保護されている権利、特権、または免責（immunities）を故意に剥奪した者は、いかなる者であれ……本法（this title）の下で罰金または一年以下の拘禁刑または両者を科せられる、そして本条に違反して犯された行為から身体損害（bodily injury）が生ずれば、本法の下で罰金または一〇年以下の拘禁刑または両者を併科される。

この制定法の規定は一見して、〝憲法によって保障・保護されているいかなる権利についても法の外観の下で故意に剥奪することを明らかに違法としている。このように曖昧性が全くないということは、通常、立法史が明らかでないということへの攻撃（foray）を妨げることになろう。M首席裁判官自体、United States v. Winters, 33 F.3d 720, 721（6th Cir. 1994）において宣明しているように、〝制定法の文言が不確実であるときに限り、われわれは制定法の文言を越えて立法の意図を検討する〟のである。それにもかかわらず本件において多数意見は、第二四二条は〝連邦刑事法典の七〇〇件を越える犯罪の中でおそらく最も抽象的な文言で表現されている〟と述べるだけで同規定を正当化する。次いで多数意見は、本日、第二四二条の先駆者（forerunner）は憲法違反に対する刑事責任の範囲を明確に拡大したということを認めているにもかかわらず、連邦議会は法の外観の下で犯されたすべての故意ある憲法上の権利の侵害を犯罪とする意図を有していなかったと結論するのである。

多数意見の分析および結論は、一世紀以上に及ぶ全く共通点のない寄せ集めの立法者の動機を推測する学問的習作（academic exercise）としては興味深い。この分析は、しかし、本法廷を拘束する合衆国最高裁判決への適切な敬意を欠いている。最高裁は、とりわけ一九四五年のスクルーズ判決（Screws v. United States, 325 U.S. 91, 104）において第二四二条は静的で限定的な超憲法的権利のグループに及ぶだけでなく〝合衆国の憲法または法律の明示の文言またはそれらを解釈した判決によって特定されてきた〟権利にも及ぶことを認めている。同様に最高裁は、一九六六年のプライス判決（United States v. Price, 383 U.S. 787, 803）において第二四二条はその類似規定である合衆国法典一八編第二四二条（18 U.S.C. §241）と同じく〝合衆国の憲法または法律によって保障・保護されている……いかなる権利、特権、または免責の広汎な権利の範囲〟をその保護の中に含むと指摘した。それ故、〝［第二四二条の］実質を変更することなしに単にそれを明らかにして再組織したにすぎないという法典編集者（codifier）の通例の断固とした主張は額面通りに受け取ることはできない〟のである。

さらに、連邦議会は長年にわたり、多数意見によって支持されている立場と矛盾する最高裁判例に直面したにもかかわらず、第二四二条を変更するのは相当でないと考えてきた（not seen fit to alter）。連邦議会自体が第二四二条の適用範囲に関する誤った解釈を匡すことが必要であると認めなかったのであれば、当裁判所は、多数意見が作り出そうとした空白部分を本日補充すること（fill the gap）をためらうべきであり、そしてわれわれは、ラニールが有罪とされた行為を犯したその時点で、身体の完全性への介入から自由である憲法上の権利を〝特定していた〟かという関連問題に本件でのわれわれの調査を限定すべきである。

B　判例法の検討

まず最初に、多数意見は適切にも、裁判官は第二四二条の下で訴追を免除されると述べていないことに注目すべきである。さらに多数意見は、この問題で陪審の評決の基礎を成す非難すべき当該行為をラニールはしていなかったと主張していないし、実際そのような主張をすることはできない。そして最後に、多数意見は、これらの行為が〝法の外観の下に〟行われたという結論を問題としていない、それにもかかわらず多数意見は、ラニールになされた大陪審起訴を無効と判断した際に検察側がその主張の基礎とした憲法上の権利、すなわち良心にショックを与える身体の完全性への介入を受けない権利は、被告人が非難された当該行為を犯した時点で合衆国最高裁によって是認されていなかったと主張するのである。

先に言及したように、スクルーズ判決は、第二四二条の及ぶ範囲は〝合衆国の憲法または法律による明示の文言によって、またはそれらを解釈する判決によって特定（specific）されていた〟権利に及ぶと判示した。本件において政府（検察側）は、身体の完全性への介入を受けない個人の権利を〝特定する〟憲法の明示の規定に依拠していない。それに代えて検察側は、連邦裁判所によって解釈された実体的デュー・プロセスの原理は本件訴追において主張されている権利を保護し特定していると述べているのである。

当裁判所は、デュー・プロセスの剥奪は二つのカテゴリーに分けられる、すなわち〝手続的デュー・プロセスの違反と実体的デュー・プロセスの違反〟に分けられることを認めていた。実体的デュー・プロセス自体は二つの別個の種類（two separate classifications）に分類される。〝第一のタイプは、絶対的な（simpliciter）第一四修正の下での手続的主張以外の憲法または連邦制定法によって保障されている権利、特権、または免責の否定を主張する異議申立て（claims）を含む。他のタイプの異議申立ては、それらに伴う手続的保障を無視しては生じない公務員の行為に向けられている。このタイプの実体的デュー・プロセスの主張に対する基準は、異議が申し立てられている当該行為は裁判所の‘良心にショックを与える’かどうかである。〟検察、地裁、連邦陪審、および本件控訴を審理した最初の合議体（panel）にとって明らかであったように、連邦判例法は本件で関わりのある状況と類似の状況下での個人の身体の完全性への介入は実際余りにも嫌悪すべきもの（so repulsive）であり余りにも常軌を逸しているので、この第二のカテゴリーの実体的デュー・プロセス違反に当たることを確立している、このことは私にとって明らかである。

多数意見は、反対の結論に達するために、第一四修正およびその保障を実行する種々の制定法の施行を誘発した圧制（oppression）の勢力と戦う人民の権利を第二四二条に付与することを妨げるための目くらましを二度行う（twice dons blinders）。第一、多数意見は、憲法上の権利が第二四二条の趣旨で（for purposes）特定されていたかを判断するときに最高裁の判例法だけが参照されるという要件を構築する、これらの権利を定義するために下級審の判断に依拠すれば矛盾した法の執行の可能性が全国で生じるというのである。

このような議論を受け入れるには、再び最高裁の先例の誤解（misreading）を必要とする。スクルーズ判決において、〝保護されている憲法上の権利を定義できる根拠（sources）を挙げた際にダグラス裁判官は、このような解釈を提供する最高裁判決だけでなく〝[憲法および合衆国の法律を] 解釈する判決（decisions）〟を含めた。さらにスクルーズ判決の相対的多数意見（plurality）は明確に、〝本件における裁判所の判決は、確かに、デュー・プロセスの概念の特定の内容を確定するために参照される源（a source of reference）である〟と述べている。このような文言は、特定の裁判所の判決だけがデュー・プロセスの権利の範囲を定義するという要件と明らかに矛盾している。

さらに、スクルーズ判決において列挙された権利を解明する源（the possible source of explication）を限定しようとした多数意見の試みを誘発した懸念（fears）は、本件では関連性がない。類似の状況に言及するすべての連邦裁判所が、デュー・プロセス条項の実体的規定（substantive provisions）によって保護されている身体の完全性への介入から自由な権利の存在とその生成可能性（viability）を古くから受け入れている場合、法の解釈と執行が矛盾する危険はない。

多数意見によるスクルーズ判決の限定よりもさらに問題（troubling）があるのは、本日の結論に至るために多数意見は、身体の完全性への憲法上の権利を明確に是認している多くの最高裁判決の意味を、論理的説明なしに、拒絶ないし無視しているという事実である。例えば、一九九二年のケイシー判決、一九九〇年のクルーザン判決、一九八二年のロメオ判決（Youngberg. v. Romeo, 457 U.S. 307）、一九七七年のイングラハム判決（Ingraham v. Wright, 430 U.S. 651）を見よ。これらの判決は法の外観の下での個人への性的攻撃に特段言及していない、したがって、本件におけるラニールの行動が、引用された判例において議論された行動より多くの点においてはるかに悪辣であったとしても、そのような先例は〝強姦や性的攻撃および嫌がらせから自由であるべき権利が最高裁によって一般的に身体の完全性に強要できる一般的な憲法上の権利の構成要素として是認されている〟という主張を支持できないと多数意見は結論するのである。

第七巡回区は、しかし、K.H. Through Murphy v. Morgan, 914 F.2d 846（7th Cir. 1990）において、事実上類似の事案が提示されていないという理由だけでは現存する法に関する論理的解釈を裁判所は無視できないことを認めている。それどころか（instead）、関連する判例法の根底にある原理は、そのような事案で生命力を与えられるべきであるとしている。同裁判所は次のように指摘している、すなわち

極めて簡単な事例は発生すらしていない。［例えば］里子を奴隷に売ったとして福祉局公務員を告発するような一九八三条訴訟の事案（section 1983 case）は一切ない。しかし、もしそのような事案が発生すれば、このような状況下において責任を認めた従前のケースはないという理由だけで当該公務員は損害賠償責任を免れるということにはならないと指摘しているのである。

本件でも同様に、現職の裁判官がその執務室において、そして若干の事案においては法服を着たままで、彼の法廷にやって来た女性を愛撫するのを身体の〝完全性〟を保護する憲法上の原理は禁止していることを明示に判断した最高裁判決はない。そのようなシナリオは、しかし、人の安全や身体の完全性への良心にショックを与える介入

は第一四修正の実体的デュー・プロセスによって禁止されているという事実を〝特定して（make specific）〟きたこれらの最高裁判決や控訴審の先例に明白に違反することを示す〝簡単な〟事例である。

1　身体の完全性に関する最高裁の取扱い

人の身体の安全や身体の完全性への侵入に関わるすべての事実状況を分類しようとする試みはないので、そのような貴重な権利の侵害は自由で文明化された社会で容認されないことを最高裁が長年にわたりどのように明確に述べてきたかを知ることは不可能である。例えば、最高裁はイングラハム判決（前出）において、七八〇年前にマグナ・カルタが〝同輩の法的判断または国の法による以外に個人はこのような身体の安全の権利を奪われない〟と規定したという事実を詳論した。そして最高裁はロメオ判決（前出）においてイングラハム判決を引用して〝当裁判所は過去において身体の安全の権利はデュー・プロセス条項によって実質的に保護された‚歴史的な自由の利益‛に等しいと指摘したこと〟を繰り返した。次に【5】クルーザン判決において最高裁は再び〝身体の完全性の観念〟に言及し、これを是認した。すなわち

〝世紀の変わり目以前に当裁判所は、明確にして疑問の余地のない法の権限による場合を除き、あらゆる拘束または他者の介入を受けずに自己自身を保持・管理する個人の権利ほどコモン・ローによって大切にされ、より注意深く保護される権利はない。〟クルーザン判決二六九頁。

一九九二年に最高裁は再び、多数意見が今看過している古くから確立している原理を確認した。ロウ判決で最高裁が述べた［一九七一年と一九七二年において］そうであったように〝憲法は人の……身体の完全性に介入する州の権利に制限を課していることは今日では確立している。〟ケイシィ判決その他の判決において最高裁が引用する判決は性的暴行を含んでいなかったけれども、このような事実の相違は、憲法のデュー・プロセス条項は裁判所の良心にショックを与える状況下における法の外観の下での身体の完全性への介入から個人を保護することを最高裁

が明確にかつ一貫して宣明してきた、その根底にある実体にとって重要ではないのである。

2　身体の完全性についての控訴審の取扱い

さらに、この問題ないし類似の問題に言及したすべての巡回区裁判所は、法のデュー・プロセスなしに生命、自由、財産を奪われない市民の権利は法の外観の下での意図的で性的な攻撃をされない権利を含むという自明の原理を是認している。例えば、United States v. Davila, 704 F.2d 749 (5th Cir. 1983) において、合衆国国境警備隊の警察官であるダヴィラと共同被告人の二人は違法に入国することを認める代償として二人の女性に性交を強要したとして第二四二条の下で起訴された。第五巡回区は、起訴の根拠について言及することなく全員一致で有罪判決を支持したのである。

〝これらの大まかな表現は、性的攻撃から自由な憲法上の一般的な権利はより抽象的な身体の完全性に対する一般的権利の一部であることを示す先例によって支持されていない〟との多数意見の批判は、見当違いである。実体的デュー・プロセスの権利の保護が必要とされる公務員の文字通りの並外れた権限濫用は多種多様であるので、そのような憲法上の原理への依拠を正当化する行動を明確に述べるのは難しい。性的攻撃は、しかし、保護される身体の完全性に対する権利の中でも最も明白かつ重大な侵害の一つと考えなければならない。そのような侵害が〝一般的権利〟によって提供される保護の範囲に入らないというのであれば、他のどのような行為がその範囲に入りうるのかを想像するのは至難である。

最高裁および各州巡回区の判例法の分析によれば、ラニールの被害者への攻撃時に良心にショックを与える身体の完全性への介入から自由な憲法上の権利は、これらの判決によって具体化 (made specific) されているとの結論が不可避的に導かれることになる。

C　被告人への明示の告知

多数意見は、第二四二条違反を根拠とするラニールの有罪判決の有効性に関する最後の攻撃として〝良心にショックを与える〟という文言で定義される憲法上の権利の基準への依拠は極めて曖昧であり刑罰とされる行為を被告人に告知していないことになると主張する。多数意見はまた、このような基準の使用は連邦議会によってのみ定義される犯罪の範囲を拡大することを司法部に認めるものであると主張する。しかし、中間控訴審としてわれわれには、この問題に関する最高裁の関連する先例を尊重する義務がある。最高裁はスクルーズ判決において多数意見によって主張されている主張を退けた、そして制定法が〝判決または他の法のルールによって定義された連邦上の権利を人から奪う特定の意図〟を被告人に要求していると解されるのであれば、第二四二条の下での有罪の基準は憲法に反して曖昧とはいえないと結論した。科せられる刑罰が制定法によって禁止されていることを知りつつなされた行為である限り、被告人は自己がする行為は法に違反するという警告または知識を欠いていたとは認められないというのである。

それにもかかわらず多数意見は、公務を相談するためにやって来た女性をその執務室において性的に攻撃するのは被害者のデュー・プロセスを侵害する行為であることをラニールは知ることができなかったとほのめかす(intimates)。しかし、個人の権利と自由の歴史の沿革および類似の状況に言及する連邦裁判所の全員一致の意見に照らし、被告人は本件において憲法その他の連邦法の権利の剥奪の禁止［第二四二条］を知りつつ無謀に無視した行為をしたことは明らかである。それ故、制定法の禁止は極めて曖昧であるので、被告人は非難されるべき行為を犯す前にこれらの行為は第二四二条によって犯罪とされていることを認識できなかったということはできない。

最後に、多数意見は、特定の行為が犯罪とされるべきかを判断するための〝良心にショック〟の基準の使用は連邦の法執行官、検察官および裁判官の手中に先例のない裁量を委ねることになると主張する。しかし、このような裁量権の付与は前例のない(unheard)ことではない。われわれは、裁判所の良心にショックを与えるような悪辣で屈辱的であるため実体的デュー・プロセスの原理に違反するかを認識するアメリカの裁判官、陪審、検察官および国民一般の能力を信頼し続けている。したがって、控訴審で提示された事実の下で被告人を起訴したことに憲法上の障害があるとは認められないのである。

われわれは一貫して、〝良心にショック〟の基準の使用は過度の有形力ないし物理的濫用の使用を含む事案以外の分野においては問題があると判断してきたことは認める。しかし、本件はそのような境界線の外にある。被告人は処罰された不法行為のすべての事案において、彼の職場やコミュニティにおける地位を不当に行使しただけでなく、その倒錯した行動を受け入れさせるために物理的力を行使した。そのような物理的攻撃は、裁判官自身の執務室において、彼の管轄権下に審理されている個人、彼によって雇用されている個人、および公のプログラムの適切な機能と安全を彼に委ねている個人に対して行われたのであり、陪審によって明示に認定されたように、国民の良心（public conscience）にショックを与えるものである。このような事実の下での〝良心にショックを与える〟基準の使用は、それ故、たとえ従前の巡回区の先例の下でも明らかに正当化できる。

Ⅲ　結　論

英米法（Anglo-American jurisprudence）は、少なくとも一二一五年のマグナ・カルタの批准以降、法の明確な権限がある場合を除き、身体の完全性から自由であるべき市民の権利を認めてきた。ところが多数意見は本日、この問題に関する歴史を七八〇年前に戻しているのである。

類似の問題に言及してきたすべての裁判所は、疑問の余地なく、法の外観の下でのわれわれの身体の完全性への良心にショックを与える故意の侵入や攻撃から憲法はわれわれを保護することを認めてきた。本件での被告人の行動は、明らかに、このような従前の判例法によって具体化された憲法上の禁止の枠内にあり、かつ合理的な人間であればそのことに気付いていたはずであると私は考えるので、すべての人間の基本的な自由を神聖不可侵と判示するこれらの判決と提携する（align）ことを選択する。同一の理由で、私は躊躇することなく、このような権利を是認しようとしない多数意見の見解に反対する。

これに対し合衆国最高裁は、第六巡回区は問題の憲法上の権利は基本的に本件と類似する事案において従前確認されたことはなかったことを理由として被告人ラニールの有罪判決を破棄したと指摘し、本件での問題は告知の基準が憲法の要求よりも高度であるかどうかであるとしたうえで、高度であると判示し、全員一致で原判決を破棄した。なお、法廷意見の執筆はスータ裁判官である。

【判　示】　原判決破棄。　Ｉ　Ｄ・ラニール（Ｘ）は、西テネシー州の二つの地方郡を管轄する州のエクイティ裁判所の唯一の裁判官であった。本件記録によれば、Ｘは在職中であった一九八九年から一九九一年の間に彼の執務室において数名の女性に性的暴行を加えた。最も重大な二度にわたる性的暴行は、離婚訴訟手続きがＸの下で始められており娘の親権問題がなおＸの権限内にあった一人の女性に対するものであった。その女性がＸの裁判所での秘書の仕事を志願したとき、Ｘは彼女を面接し娘の親権について再度調査する必要があるかもしれないと述べた。その女性が立ち上がって帰ろうとしたときＸは彼女を掴まえ性的暴行を加え、そして最後にオーラル・レイプを犯した。その二、三週間後にＸは、他の仕事に関する情報を入手するため再び裁判所に来るように彼女を誘った、そして再び彼女に性的暴行を加えてオーラル・レイプをした。その他にもＸは五回にわたり、他の四人の女性に性的暴行を加えていた。そのうちの二人は彼の秘書と連邦プログラムの地元のコーディネータであり、他の二人はＸが現職の裁判官である少年裁判所の係官と裁判所に関係する問題を相談するためにＸの執務室にいた女性だった。

ラニール（X）は結局、一一回の合衆国法典第一八編第二四二条（18 U.S.C. §242）違反で起訴された。大陪審起訴の各訴因は、テネシー州法の外観の下に故意に行動することによってXは〝合衆国の憲法および法律によって保障ないし保護されている権利および特権すなわち故意の性的暴行を受けない権利を含む、法のデュー・プロセスなしに自由を奪われない権利〟を被害者から奪ったと述べていた。Xは公判前に、第二四二条の規定は曖昧であるから無効であるとして大陪審起訴の取下げ（dismiss）を申し立てた。地裁はこの申立てを却下した。

公判裁判官は、被告人が合衆国の憲法または法律によって保障されている権利を被害者から奪ったという犯罪の構成要素として立証すべき政府（検察側）の立証責任に関して、陪審に次のように説示した。すなわち

〝第一四修正のデュー・プロセス条項によって保障されている自由の中に含まれているのは、個人の身体の完全性の観念および権限のない州による不法な侵入による物理的虐待を受けない権利です。それ故、ここで保障されている自由の権利は、公務員の行為が当該状況下に人の良心にショックを与えるほど屈辱的で有害であるときまたは合衆国の法の外観の下に行動したとされる州の公務員による法律上の正当化理由のない物理的・身体的虐待を何人も受けることはないと規定しています。このような物理的虐待を受けない権利は性的に動機付けられた物理的暴行や強制された性的接触（coerced sexual battery）を受けない権利を含んでいます。しかし、正当化できない州の公務員による接触やわしづかみがすべて憲法上の人の権利を侵害するというのではありません。物理的虐待は、人の良心にショックを与える物理的有形力、精神的強制、身体傷害または情緒的損傷を含む極めて重大な性質のものでなければなりません。〟

陪審は、七訴因について有罪、三訴因について無罪（一訴因は検察側立証の最終に取り下げられていた）と答申した。陪審はまた、二件のオーラル・レイプは〝身体の損害〟をもたらしたと認めたため他の五訴因の下での各一年の拘禁刑に加えて、それらの訴因につきXは各一〇年の拘禁刑を言い渡された。彼はそれらを順次執行されて

(consecutively) 合計二五年の刑を言い渡された。

第六巡回区控訴裁判所の合議体 (panel) は有罪および量刑を支持したが、全裁判官関与の法廷 (the full court) はこの判断を無効とし、全裁判官参加による再審理 (rehearing en banc) を認めた。再審理で同裁判所は、〝この曖昧な刑事制定法 (すなわち第二四二条) はその範囲内に単純なまたは性的な暴行を含むことを国民に告知していないとの理由でXの有罪を破棄した。第六巡回区は、刑事制定法の解釈のための一般的基準を採用し、当最高裁のスクリューズ判決 (Screws v. United States, 325 U.S. 91) での相対的多数意見と同様、第二四二条の下で刑事責任が科せられるのは、侵害されたとされる憲法上の権利が (他の連邦または州の裁判所ではなく) まず最初に当最高裁の判決で確認され、かつその権利が〝本件でのそれと基本的に類似する事実状況〟において適用すると判示されているときに限られると判示した。控訴審はこれらの結合された要件を民事事件において第一九八三条 (42 U.S.C. §1983) の下で〝限定的免責を判断するために利用されてきた'明確に確立した'基準より実質的にそれより高い〟と考えた。そして本件と〝基本的に類似する〟状況下において正当化されない攻撃または身体の完全性への侵害を受けない権利を現に適用した当最高裁の判決はないと認め、第六巡回区は大陪審起訴を取り消すとの指示とともに有罪判決を破棄した。二人の裁判官は、オーラル・レイプに関わる重罪訴因を取り消そうとしなかったが軽罪の訴因の取消しには同調した、他方、同裁判所の三人の裁判官は取消しのすべてに反対した。

われわれは、特定の行為が第二四二条の下で刑事責任の範囲内に入るかを判断するための基準を再審査するために上告受理の申立てを容れた、そして原判決を無効として差し戻すこととする。

Ⅱ　第二四二条は、(1) 故意に、かつ(2) 法の外観の下に、(3) 合衆国の憲法または法律によって保護された権利を人から奪う行為を犯罪とする再建時代の市民権法 (Reconstruction Era civil rights statute) である。第六巡回区の全裁判官関与の判決は、これら三要素のうちの最後のものだけを取り扱っている、われわれが本件で関心のあるのはこの要素だけである。

なお、現在の第二四二条は、再建時代の三つの市民権法の各部分に由来し、その実質的な刑罰規定は一八七四年に一つの条文（a single section）に統合されたものである。これら三つの制定法は列挙された若干の権利や特権の侵害に対し科せられる刑事制裁の先駆けであるけれども、統合された一八七四年の制定法はあらゆる憲法上の権利剥奪に適用するために法の適用範囲を拡大した。一八七四年の再法典化以降、連邦議会は再三にわたり、その実質的な範囲を削減することなしに、第二四二条を改正した。

合衆国の憲法または法律によって保障されている権利、特権、または免責の剥奪に言及する第二四二条の一般的な文言は、〝合衆国の憲法または法律によって（いかなる人に対しても）保障されている権利または特権の自由な行使〟を妨げるコンスピラシーについて述べている、これと一対のコンスピラシー制定法（its companion conspiracy statute）である第二四一条の範囲と一致している。それ故、それが禁止する特定の行為を挙げる代わりに一般的な各制定法の文言は参照として組み入れられている、そして組み入れられた憲法上の保障の多くは、もちろん、それ自体、若干普遍性のある文言で述べられている。その結果、制定法もその憲法上の関係条項（referents）の多くも、とくに禁止された行為の範囲を明らかにしていない。

第二四二条によって施行されラニールによって侵害されたとされるデュー・プロセスの権利は、皮肉にも、その包括的な自由の保護の適用を施行するための起訴が他の権利の剥奪を被告人にもたらしかねない適切な一例（a case in point）を示している、すなわち、ホウムズ判事が述べたように〝ある一線が越えられると法は何をしようとしているのかについて普通の人間が理解する言葉での十分な警告〟が必要である、警告を十分（fair）とするには可能な限りその線は明確でなければならない。〝禁止されていることを合理的に理解できなかった行為に対し何人も刑事責任を問われないという原理〟である。

十分な警告に関連する三つの問題（manifestations）がある。第一、曖昧性の理論は、ある行為をすることを極めて曖昧な言葉で禁止したりそれを要求する制定法は、通常の理性を備えた人間であれば、その意味を当然推測しなければならないため、その適用に関して見解が異なる、そのような制定法の施行を禁止する。第二、曖昧性の原理の下位様式（junior version）の一つとして、刑事法の厳格な解釈または寛大なルール（a rule of lenity）の規準は、それをカバーできる行為に対してのみそれを適用することにより刑事制定法における不明確性を取り除くことで、十分な警告を保障する。第三、必要とされる明確性のレベルは、それ以外の不確かな制定法に関する司法解釈によって提供できるけれども、デュー・プロセスは、刑事制定法も従前の司法判断もその範囲内にあるものとして十分に明らかにしていなかった行為に対する刑事制定法の新規な解釈（novel construction）を適用することを裁判所に禁止する。これらのいずれにおいても「その試金石は、当該制定法がそれだけでまたはその解釈として被告人の行為が犯罪であることがその犯行時に合理的に明らかにしていたかどうかである。」

われわれは、この規準を一九四五年のスクルーズ判決（Screws v. United States, 325 U.S. 91）で適用した、同判決は、司法審査の根拠を提供するデュー・プロセスの発展的文言（expansive language）が第二四二条の中に参照として組み入れられているとき、刑事責任の範囲について十分な警告を与えるというはるかに困難な仕事にそれは一般的にふさわしくなかったことを認めた。スクルーズ判決の相対的多数意見は、第二四二条の採用によって課せられた警告の要件は〝制定法が定義せず、それ故、それが何らの警告をしていない性質の犯罪で被告人を裁判に付す〟のと同一であるとした。それと同時に同じ裁判官たちは、〝合衆国の憲法または法律の明示の文言によってまたはそれらを解釈した判例によって具体化された権利〟を侵害したとして被告人が訴追されているとき、このような憲法上の困難性は生じないことを是認した。広汎な憲法上の要件がその文言または確立した解釈によって〝具体化された（made specific）〟とき、故意の違反者は〝それらには刑罰が伴っているという十分な事前の告知を受けていなかったという立場にないのは明らかである。彼らは、知ることのできなかった何かに違反したことを理由に処罰されたのではない。〟したがって、スクルーズ判決は、制定法の及ぶ範囲を起訴された当該行為時に〝具体化〟されていた十分に警告されていた権利に限定したのである。

第六巡回区は、本件において、十分な警告の具体化された基準に二つの注解を施した。その見解によると、一般的に述べられた憲法上の権利がスクルーズ判決の意味で具体化されるのは当裁判所の従前の判決がその権利を宣言し、かつ起訴されている事案と〝基本的に類似する〟事案に当裁判所が適用したときに限られるというのである。しかし、本件において今までに提出された理由はいずれもわれわれを納得させるものでない。

われわれは、控訴裁判所の見解とは異なり、当裁判所の判決だけが必要とされる警告を提供できるという理由付けとしてスクルーズ判決を理解するのは正しくないと考える。スクルーズ判決の相対的多数意見は最高裁の判決に関わる二つの例を示しているけれども、彼らの意見は憲法を〝解釈する判決〟によって具体化された権利に一般的な文言で言及したものであり、その後の判決も関連する解釈判決の普遍性（universe of relevant interpretive decisions）はわれわれの意見に限定されると判示していない。さらに後に指摘するようにわれわれは、一九八三条および Bivens v. Six Unknown Fed. Narcotics Agents, 403 U.S. 388（1971）の下での限定的免責（qualifed immunity）のルールを適用する際に、ある権利が〝明確に確立〟していたかを調査するとき控訴裁判所の判決に言及してきたことも重要である。

われわれの判例もまた〝基本的に類似〟する事実状況に問題の権利を適用した先例を要求していない。それとは反対に、依拠された先例と当裁判所の面前での事案との間に顕著な事実上の相違があるにもかかわらず、従前の判決が当時問題とされた行為は憲法上の権利を侵害したことを合理的に警告している限り、われわれは第二四一条または第二四二条の下での有罪判決を是認してきたのである。

しかし、たとえこれらの事例を傍に置くとしても、われわれは、第六巡回区の〝基本的に類似〟の基準は不必要に高度の確実性を公判裁判官に要求すると同時に多くの争いを招くことにもなりかねないと考える。「この基準は、第二四二条の下でのデュー・プロセスは第一九八三条の下での憲法違反に対し民事上の責任を課すために公務員に要求されている〝明白に確立した〟法以上のことを要求していると述べられた控訴裁判所の見解に由来する」が、これは誤っているとわれわれは考える。

われわれは民事の分野において、限定的免責は〝[侵害された]法の輪郭が合理的な公務員であれば自分のしていることがその法に違反していることが十分に明らかである〟場合に限り責任を課すことによって、〝彼らの行動によって責任が生じるかもしれないことを合理的に予期できる〟ことを被告人に保証するものであると説明してきた。このように考えてみると、〝明確に確立した〟免責基準の目的は第二四二条を有効に適用する目的のために〝具体化された〟法に関する〝十分な警告〟のそれと異ならない。一方には民事法の役割が、そして他方には刑事法の役割があるという事実は重要でない、両者とも同一の目的に奉仕する、そして実際、限定的免責の基準は、公務員に（そして、最終的には、政府に）個人が曖昧な刑事制定法に直面して伝統的に負担してきたのと同一の民事責任およびその結果に対する同一の保護を与えるための十分な警告の適応（adaptation）にすぎない。とすると、明確に確立したこと以上に明確な何かを要求することは〝十分な警告〟を越えた何かを要求することになろう。

このことは、もちろん、単一の警告の基準はすべての事案において十分な具体化の単一の程度を示しているという意味でない。一般的ルールが問題となる特定の行為類型に適用されるかにつき従前の判例が明示に解釈の余地を残しているときのような若干の状況においては、以前の事実について極めて高度な程度の特定性が必要とされよう。しかし、法の一般的な表明では十分かつ明確な警告を与えることが内在的にできないということにはならない、そしてそれ以外の事例において裁判所がすでに判断した法（decisional law）で確認された一般的な憲法上のルールは、たとえ〝問題の行為それ自体が以前に不法と判示されて［いなかった］としても〟問題の特定の行為に明らかに適用されうる。本件での反対意見でドートリィ判事が指摘したように、〝極めて簡単な事案は発生すらしていない、里子を奴隷に売りとばしたとして福祉局の公務員を告発するような第一九八三条の事例は一切なかった。しかし、だからといって、そのような事例がもし発生すれば、当の公務員は刑事上の責任を免除されるということにはならない〟のである。

要するに、第一九八三条またはBivens判決の下での民事責任における と同様、第二四二条の下での刑事責任についても通常言えるのは、憲法上の権利の剥奪を理由にそれ（刑事責任）を科すことはできるが、しかしそれは〝以前に存在した法に照らしその不法性が［憲法の下で］明白である〟場合に限られているのである。そのような場合には憲法上の十分な警告の要件は満たされている。

控訴裁判所は、被上告人の行動が憲法上の権利を侵害したかを判断する際に誤った基準を用いたのであるから、われわれは原判決を破棄し、正しい基準の適用のために本件を差し戻すこととする。

第三節　一九八三条訴訟

このように実体的デュー・プロセスという概念は、今日では、アメリカ法で定着している。ただ、先に紹介した関連判例は一九八三条訴訟によるものが多いにもかかわらず、この点に関するわが国での理解は、十分でない。

そこで以下、ひとまず一九八三条制定の沿革を概観することとし、その後に主要な関連判例を詳しく紹介しておく。

一　概　要

一九八三条訴訟は今日のアメリカで、合衆国憲法等の権利を侵害した地方公務員（state and local officials）に対する損害賠償を獲得する主要な媒介物として大いに注目されている。地方政府に対するある種の救済措置（certain kinds of relief）のほか、地方公務員による連邦法違反に対する救済方法（remedy）を提供しているからである。警察官の虐待や囚人の権利侵害訴訟から学校での人種差別撤廃等の全領域に及ぶため、一九八三条による訴訟の〝洪水〟を批判する向きもあるが、そのような洪水の被害を疑問とする向きもある。いずれにせよこの四半世紀において、この問題に言及した合衆国最高裁判例の数が増えるとともに一九八三条訴訟は劇的なまでに増加し、ロースクールでの独立のコースとして注目されるに至っている。(7)

ところで、一九八三条はいわゆる再建（Reconstruction）とそれに伴う州と連邦との関係における根本的変化の産物である。市民的権利に関する法律（Civil Rights Acts）の一つとして一八七一年に制定されたクー・クラックス・クラン法（Ku Klux Klan act）の第一条に現行法とほぼ同一の規定があり、憲法に違反する州の行動（state action）の犠牲者に対する法律上の訴訟において不法行為者（the wrongdoing person）を訴える権利が認められている。その後ごく一部の修正を経て、現行の一九八三条（42 U.S.C.A §1983）は〝州の制定法、条例、規則……の外観の下に（under color of）〟合衆国市民から〝憲法および法律によって保障されている何らかの権利、特権、又は免責を剥奪した者はすべて、法律上の訴訟において侵害された当事者に対し責任を負う〟と規定している。しかしながら、一九八三条は、その後もほとんど利用されなかった。ウォーレン・コート期（一九五三―六九年）の〝デュー・プロセス革命〟まで連邦上の権利の章典はほとんど州に適用されなかったからである。合衆国最高裁は一九六一年のモンロー判決（後出）において、警察官の憲法違反行為の被害者は一九八三条の下で連邦裁判所に当の警察官に対する損害賠償訴訟を提起できるとして一九八三条の再生（rebirth）を明示した、その結果、一九八三条の利用が急増するに至るのである。(8)

以下、一九八三条制定の沿革に触れ、モンロー判決を詳細に検討した後、関連判例を検討することとしたい。

(1)　南北（市民）戦争（一八六一―六五年）の終結を契機として一八六六年から一八七〇年にかけて、第一三修正の奴隷制度廃止を皮切りに、第一四修正（デュー・プロセス条項と法の平等保護条項）および第一五修正（黒人の平等選挙権の保障）が相次いで成立する。これがいわゆる南北戦争修正条項（Civil War Amendments）である。そして各修正条項はいずれも明文で「連邦議会は、相当な法律で本条（の諸規定）を執行する権限を有する」と定めていた。これを受けて連邦議会は一八六六年、第一三修正の奴隷制度廃止を執行するために、市民的権利に関する法（civil rights statute）を可決し、契約する権利、訴訟の当事者となる権利、財産を所有・譲渡する権利を含め、諸活動の主人となる〝白人の市民〟と〝同一の権利〟をアフリカ系アメリカ人に保障した。この一八六六年法はまた、訴訟当事者（litigant）が州裁判所において同法で保障された諸権利を〝否定されるかまたは実施されえない〟とき、州法上の請求原因（state-law cause of action）につき連邦裁判所への移管（removal）を定めていた。連邦議会はさらに一八六七年、人身保護令状法を制定し、州の権限下に拘束されている者に連邦裁判所に対し身柄拘束の合憲性を争う法的資格を初めて与えた。

(2)　このようなうねりの最後に登場したのが、法の平等保護を否定して憲法上の権利を剥奪するコンスピラシーを連邦刑事罰とするいわゆるクー・クラックス・クラン法であり、そのいわば目玉（feature）が一九八三条であった。この総合的な制定法は、南部における民間人や、地方の法執行官、議会および裁判所による南北戦争後の再建計画（Reconstruction）への広汎な抵抗に対する連邦議会の対応であった。一九八三条は、それ以前の制定法とは異なり、法の〝外観の下に（under color of）〟行動して憲法上の権利を剥奪した者に対し連邦上の請求原因を付与することによって直接、連邦裁判所に提訴する道を開くことを意図していた。それは州の手続き終了後に初めて可能な救済ではなく、まず最初の手段として連邦裁判所の救済を提供するものと思われた。連邦裁判所に提訴できる連邦上の請求原因が認められることによって、被害の当事者はもはや州法の気まぐれ（vagaries）に左右されなくなるからである。(9)

しかし、一九八三条は制定直後から長い冬眠期に入った。冬眠の理由は必ずしも明らかでない。一九八三条とかかわりのある再建時代の各修正条項は、その後もしばらく限定的に解釈されてきた。例えば、一八三三年の判決で「権利の章典は州に対して機能せず、連邦権限に対してのみ機能する」と判示されている。それ故、一九八三条がほとんど利用されなかったのは、一九五〇年代、六〇年代のウォーレン・コートが第一四修正のデュー・プロセスを介して権利の章典の〝選択的編入〟に熱心に取り組み始めるまで、そのような権利は州に適用されることがなかったからである。そして当初、州に対し適用できる権利の章典の規定は専ら刑事の文脈において争われたのであり、当事者が民事訴訟において援用する剣（a sword）としてではなく、刑罰に対する楯（a shield）として用いられたという。しかし、このような〝限定的な憲法解釈〟も一九八三条の冬眠の説明としては不十分である。けだし一九世紀末から一九三〇年代に至るまで進歩的な社会経済的諸立法に反対するために第一四修正のデュー・プロセス条項が強硬に適用されたという事実を無視しているからである。このような〝経済的〟ないし〝実体的〟デュー・プロセスの事案において当事者は一九八三条を援用しなかったのである。

一九八三条が当初ほとんど利用されなかったのは、州法によって正式に是認されない公務員の行為（actions of public officials）は州の行為（state action）に相当するかが明らかでなかったからであるとの指摘もある。しかし、このような〝限定的な州行為〟の説明も、合衆国最高裁が一九世紀初期において、たとえ公務員が州法に違反した行為をしたときであっても、第一四修正の州の行為の要件は満たされうると結論していたという事実を看過している。

それよりも確からしい一九八三条の冬眠に対する説明は、一九八三条の明示する〝憲法によって保障された権利、特権又は免責〟という文言が合衆国最高裁によって限定的に解釈されていたという事実にあろう。この若干曖昧な憲法上の権利の下位集合（subset）は、最高裁によれば、新たに創造されたあるいは憲法又は法律によって認められた〝民事上（civil）〟の権利にかかわりがあった。それは、例えば、憲法以前に存在したコモン・ロー上の自由および財産（それは主として州法によって〝保障される〟）を含んでおらず、憲法がデュー・プロセス条項のような規定によって政府の干渉から〝保護する〟利益であった。それ故、自由および財産の利益は、合衆国憲法又は一九八三条によるものではなく、主として州法によって創造され保障されたものであると考えられた。例えば、警察署長がアフリカ系アメリカ人女性をその人種を理由に鞭打ちしたとされる一九〇九年の事案で、一九八三条は役立たなかった。けだし彼女が否定された権利は合衆国憲法によるものでなく、州法によって保障されたものにすぎないと判示されているのである。

興味深いのは、権利の章典の保護規定の多くは——少なくとも第一四修正のデュー・プロセス条項を介して州に編入されるまでは——合衆国憲法によって新たに創造ないし是認されたものではないと考えられていたことである。〝一般に権利の章典として知られている合衆国憲法の最初の一〇箇条は、政府の何らかの新しい原理を定めることを意図したものでなく、イギリスの祖先から受け継いだ若干の保障および免責を具体化したものにすぎない〟というのである。そして編入過程の初期において、一九八三条は財産の剥奪には及ばず、自由の剥奪にのみ及ぶとされていた。かくして、かつては流行したが今ではもはや流行していない経済的ないし実体的デュー・プロセスを主張するために一九八三条が用いられることはなかったのである。

その結果、一九八三条の冬眠中、当事者は、憲法を侵害した地方公務員に対する損害賠償請求訴訟において、周知の不法行為モデルを利用した。このような状況を一変させて一九八三条を再生（rebirth）したのが、一九六一年のモンロー判決である。(10)

二　合衆国最高裁モンロー判決（一九六一年）

本判決（Monroe v. People, 385 U.S. 167）は、シカゴ市警察官による無令状捜索逮捕等に対する損害賠償請求事件につき、一九八三条制定時の連邦議会の意図等を詳細に検討した上で、同条は州法を補完するものであるとして、連邦裁判所に直接、憲法違反を理由に提訴し加害者の責任を追及できることを明示したもので、本判決以降、一九八三条訴訟が急増する。

【事　実】　シカゴ市のＰら一三人の警察官は、早朝、原告モンロー（Ｍ）の家屋に押し入り、Ｍらをベッドから引きずり出し、裸のまま居間に立たせた上、すべての部屋をくまなく探し回り、マットカバーを引き裂くなどした。Ｍは警察署に連行後、二日前の殺人事件について取り調べられたものの、嫌疑を知らされず、治安判事の下への引致もなく、家族又は弁護人への電話連絡も認められないまま、一〇日間にわたり身柄を拘束され、その後、起訴されずに釈放された。Ｍら（六人の黒人の子供とその両親）は、Ｐらはいかなる令状も入手しておらず、イリノイ州およびシカゴ市の制定法、条例等の〝外観の下に（under color of）〟行動したことを理由に、Ｐらに対する損害賠償を求めて連邦裁判所に提訴した。

シカゴ市は、同法又は連邦憲法の下では責任がないと主張し、Ｐら被告人は、Ｍらの申立てには同法または連邦憲法の下で請求原因を主張していないとして、いずれも申立ての却下を求めた。連邦地裁は、本件申立てをすべて却下し、巡回区連邦控訴裁判所もこれを支持した。

これに対し合衆国最高裁は、「合衆国最高裁の従前の判断と一見矛盾することを理由に」上告受理の申立てを容れ、シカゴ市に対する申立てを却下したのは正当と認められるとしたが、「Pらに対しては申立ては却下されるべきではなかった」として原判決を破棄した。なお、法廷意見の執筆はダグラス裁判官である。

【判　示】　原判決破棄。本件は、〝州の制定法……の外観の下に、合衆国市民から、……憲法および法律によって保障された権利……を剥奪した者はすべて、救済を求める法律上の訴訟……又はその他の相当な手続きにおいて、被害を受けた当事者に責任を負う〟と定める現行一九八三条（42 U.S.C. §1983）の解釈に関する重要な問題を提起している。

(1)　Mらは、令状なしの本件家屋への侵入捜索および令状なしの拘束等は〝憲法によって保障された権利、特権〟の剥奪に相当すると主張する。〝憲法によって保障されている権利、特権を自由に行使または享受している市民を傷つけ、脅迫する〟コンスピラシーを刑事罰とした法律が制定されたとき、それは「個人が、州政府との関係ではなく、中央政府との関係によって有する権利だけを包含する」とされた。しかし、本件で関わりのある市民的権利に関する法律の条文の歴史によれば、そのような狭い解釈は認められない。

一九八三条は、一八七一年のクー・クラックス法の第一条として法典化された（came onto the books）もので、第一四修正の規定を実施するために第一四修正第五節によって議会に付与された権限を議会が行使して制定したものである。その目的は、〝第一四修正の法規定を実施するための法律である〟との立法命題から明らかである。「州の権限の外観の下で第一四修正によって保障された権利の剥奪に等しい事実に関する主張は、その限りで同条の要件を満たしている。」Mらには確実な理由がある。不合理な捜索・逮捕押収を禁止する第四修正の保障は、第一四修正のデュー・プロセス条項によって州に適用できるからである。

⑵　州の権威を示すバッジを携行し、その権威に従って行動するか、それともその権威を悪用するかを問わず、何らかの資格においてそれを代表する人に対し第一四修正の規定を実施する権限が議会にあることには疑問の余地がない。われわれが本件で対処する問題は、議会が本条制定時に「公務員の地位の悪用によって憲法上の権利等を剥奪された当事者に救済を与える意図を有していたか」というより限定的なものである。われわれは、議会は確かにそのような意図を有していたと結論する。

州の権威の〝外観の下に〟の中には、州法や州の慣習の権威の下に行ったものであることを立証できない公務員ないし警察官の行為は除外されていると主張されている。本件において、Mらのアパートに侵入したPら警察官はイリノイ州の憲法および法律を侵害したとされる。イリノイ州法の下では、このような侵害に対し容易な救済措置が提供されている、そしてMらはイリノイ州裁判所を利用してコモン・ローで認められている全面的な救済を求めることができる、Mらはイリノイ州の制定法等はそのような救済措置を禁止していないというのである。

クー・クラックス法は、グラント大統領の以下のような一八七一年三月二三日付け議会へのメッセージに基づいている。すなわち、〝現在、わが合衆国の若干の州においては、生命や財産が保障されず、郵便の配達や税金の徴収が危険となるような状態にあります。このような憂慮すべき状態が若干の州に存在していることを示す証拠はここに提示してあります。これらの害悪（evils）を匡正する能力は州当局の手に余るものであり、このことを私は疑わないのであります。現行法の限界の下で行動する合衆国の行政能力で現在の緊急状態に十分対処できるかは明らかでありません。それ故、私は、議会の判断で、生命、自由および財産を効果的に保障し合衆国の全土で実施するような立法を緊急に要請します。〟

この立法――とりわけわれわれが今問題にしている一九八三条――にはいくつかの目的がある。議会の議論ではいろんな考えが錯綜していたが、その全体を検討すると、本条には三つの主要な目的があったことが分かる。すなわち第一、ある種の州法を無視（override）できる、第二、州法が不適切である場合に連邦の救済を提供する、そして第三の目的は、「州の救済は、理論的には適切であるが、現実には利用できない場合に、連邦の救済を提供すること」であった。

この一八七一年法は、とくにクランを念頭においた議会によって制定された。議会での議論は、「一八七一年の南部で存在した無法状態」の指摘で充満している。議会での議論に際して、「クランの暗躍ぶりと州政府がそれに対処できない」ことを示す六〇〇頁もの報告書が議会に提出された。この報告書は多数の議員の注目するところとなった。「この法律の制定に強力な弾みを与えたのは、州の救済が利用不能であったからではなく、法を平等に実施できない州があった」からである。

害悪の主たる悩みの種（the main scourge of evil）はクー・クラックス・クランであったが、創出された救済はクラン又はそのメンバーの違法行為に対する救済ではなく、「何らかの資格で州を代表していながら、州法を実施できず、あるいはその気持がない（unable or unwilling）者に対する救済であった。州法自体に争いはなかった。州に実施能力のないこと、これが紛糾の核心であった。」

議会での議論は長時間かつ広範囲に及んだが、「立法が制定された一つの理由が連邦裁判所において連邦法上の権利を与えることであったのは全く明白である。偏見、感情、怠慢、不寛容又はその他の理由で、第一四修正によって保障されている権利、特権、免責の享受に対する市民の申立ては州の機関によって否定されるかもしれなかったからである。」

他の規定に関しては立法過程で種々の反対、変更があったが、一九八三条に関しては変更がなく、法の〝外観の下に（under color of）〟という文言は、立法の当初から最後まで同一であった。当時南部に存在した無法状態を理由に立法が制定されたのであるが、それは一般的な文言で定められており、連邦議会の討論時に何度も名指しされた州に対すると同様、イリノイ州にも適用できる。州には実施すれば、救済を提供する法律が存在するというのは答えにならない。「連邦の救済は、州の救済を補完するもの（supplementary to the state remedy）」であり、連邦の救済を求める前に後者の救済を求めて、それが否定されることが必要であるというのではない。

われわれはクラシック判決（United States v. Classic, 313 U.S. 299）において、〝法の外観の下に〟憲法等によって保護されている〝権利〟等を州住民から剥奪した者を刑事罰とする規定について検討した。同判決で問題とされた権利は、主として投票数を数える投票者の権利であった。ルイジアナ州法は被告人に〝投票数を数え、その集計の結果を記録し、選挙の結果を明らかにすること〟を要求しているが、起訴状によれば、被告人はそのような義務を果たさなかった。当裁判所は、〝州法に基づいて保持し、かつ不法行為者が州法の権威を与えられている（is clothed）結果はじめて可能となる権限の悪用は、州法の外観の下になされた行為である〟と判示した。反対意見はあったが、州法の〝外観の下に〟の意味に関する判示については問題とされなかったのである。

この州法の〝外観の下に〟という文言の意味はスクルーズ判決（Screws v. United States, 322 U.S. 91）において再確認された。そこで申し立てられた行為は、警察官が職務の遂行中に、すなわち効果的な逮捕時に犯したとされるものであった。本件におけると同様、州法の〝外観の下に〟という文言は、州法の下で犯罪であったものを連邦法において繰り返し犯罪とするように解釈されるべきではない（not be construed duplicate）と主張された。州法の〝外観の下に〟というのは、警察官が州法に従ってした行為だけを含んでいると主張されたのである。われわれは、このような見解を否定した上で、クラシック判決が州法の〝外観の下に〟という文言に与えた意味は制定法の解釈にすぎないから、そのような解釈が望ましくないのであれば、「議会はそれを変更できる」旨指摘した。そしてわれわれは、ウィリアムズ判決（Williams v. United States, 341 U.S. 97）においてこの見解に固執したのである。

議会はその後、いくつかの市民的権利に関する法律を制定したが、当裁判所によって解釈された州法の〝外観の下に〃という文言についでは一言の批判もない。このことは、われわれの従前の解釈が正しかったとの結論を裏付けている。われわれは、クラシック判決等での法の〃外観の下に〃という文言に関する解釈が正しいと結論し、これを堅持する。その限りにおいて、原告の申立てには請求原因がある。

(3)　一八七一年法によって連邦法域で提起された若干の訴訟について地方自治体（municipalities）にも責任を負わせるという提案に対する議会の強い反対（so antagonistic）を考えると、同法の〃人（person）〃という文言に自治体が含まれていると考えることはできない。

三　主要関連判例の検討

モンロー判決からも明らかなように、クー・クルックス・クラン法の一部として一八七一年に制定された現行の合衆国法典第四二編一九八三条（42 U.S.C. 1983）は、州法の外観の下に行動する人による憲法違反等に対する連邦法上の請求原因を個人に付与している。合衆国最高裁は一九六一年のモンロー判決で、州法によって〃是認〃されない行動によって申立人の憲法上の権利を侵害した公務員に申立人は損害賠償を請求できると判示しつつ、そのような公務員を採用した自治体は責任を負わないとした。もっとも、この部分は、一九七八年の判決（Monell v. Department of Social Services, 436 U.S. 658）で地方自治体は一九八三条の下で直接責任を負うことを最高裁が認めたため、一七年後に破棄された。地方自治体は、その被用者によるすべての憲法違反に対し使用者（代理）責任（a respondent superior）を根拠に責任を負うのではなく、自治体のポリシー又は慣習の執行によって損害を招くこととなったそのような違反に対してのみ責任を負うのである。

最高裁が法執行官に限定的免責を与えた主たる理由は、そのことによって彼らは損害賠償金を支払う心配なしに善意で職務に専念できるからである。最高裁は最近、限定的免責の範囲を著しく拡大したため、限定的免責は絶対的免責に似てきた。最高裁は一九八二年のハーロ判決（後出）で公務員の主観的な善意を調査するのは公判で解決されるべき事実問題であるとして、純然たる客観的基準（purely objective standard）を採用したからである。この新しい基準によると、〝公務員の行動が合理的な人であれば知っているであろう明確に確立した制定法又は憲法を侵害していない限り〟当の公務員は損害賠償責任を免れる。[11]

以下、自治体および公務員の責任に触れたあと、ハーロ判決に言及しつつ、一九八三条訴訟の具体例を簡単に検討することとしたい。

(1) 地方自治体の責任

憲法上の権利を侵害された市民は自治体の責任を直接追及できるが、憲法違反が自治体のポリシーまたは慣習によって生じたものである場合に限られている。決定権のない下級公務員（a non-policy making, lower-level employee）が一九八三条に違反すれば、唯一の救済はその責任ある当の個人に対する訴訟である。それ故、典型的な警察官の違法行為の事案においては、自治体のポリシーが憲法違反の直接の原因である場合を除き、申立人は個々の警察官に損害賠償訴訟を提起し、違法な捜索・逮捕押収、あるいは不当な有形力の行使（excessive use of force）の救済を求めなければならない。

例えば、警察官の不当な有形力の行使は自治体の不適切なポリシー、すなわち警察官に対する教育訓練が十分でなかったことに起因するとして自治体への責任が追及された事案がある。最高裁は一九八九年の判決（City of Canton, Ohio v. Harris, 57, USLW 4263）で、警察官の教育訓練の不十分性は「一九八三条の下での自治体の責任を求める根拠として役立ちうる」とした。しかしながら、市の教育プログラムが不適切であったとの立証では足りず、それ以上のそれとは異なる教育の必要性が明白で、かつその不適切な教育の結果、憲法上の権利侵害が惹起されたであろうことを中立人は立証しなければならないとし、さらに「市の教育プログラムの欠陥が最終的な損害と密接に関連していること」を立証しなければならないと判示した(12)。

(2) 憲法違反の範囲

言論や信仰の自由に関する第一修正違反、不合理な捜索・逮捕押収を禁止する第四修正、残虐で異常な刑罰を禁止する第八修正など第一四修正のデュー・プロセス条項を介して州に適用される権利の章典に違反する行為のほか、第一四修正の平等保護条項等に違反する行為などもすべて一九八三条訴訟として連邦裁判所の救済を申し立てることができる。要するに、権利の章典やその他の(デュー・プロセスとかかわりのない)憲法上の諸規定違反を主張する申立人は、州の救済規定の有無にかかわりなく、一九八三条の下で直ちに救済を求めることができるのである。さらに第一四修正違反には基本的な婚姻の権利や生殖の自由に関する諸権利のようないわゆる〝実体的デュー・プロセス〟の保障が含まれている。これらの権利の剥奪は、権利の章典の保障と全く同様に、一九八三条訴訟として連邦裁判所に救済を求めることができる。これらの事案においても同様に、申立人が利用できる州の救済規定の存在は関連性がない。

問題は、申立人がその擁護を主張する自由ないし財産の利益が権利の章典の保護や実体的デュー・プロセスの権利の基礎をなす基本的権利の剥奪を伴わず、単に州が創設した(財産または契約上の利益のような)権利に関する地方公務員(a state or local actor)による剥奪にすぎない場合である。このような基本的とまではいえない権利に関して、合衆国最高裁は憲法上の保護の余地を認めつつ、デュー・プロセス条項は一般に手続的なものであるとする。したがって、このような権利剥奪の前後において有意味な手続きを州が提供している限り、一九八三条訴訟は利用できない。

例えば、最高裁は一九八一年のパラット判決（Parratt v. Taylor, 451 U.S. 527, 543～544）において、囚人が注文した趣味の道具を刑務所職員が過失で紛失したのはデュー・プロセス条項に違反した財産の剥奪であるとして、その価格二三ドル五〇セントの賠償を求めて看守らに対し一九八三条訴訟を起こした事案につき、まず州の救済を求めるべきであるとした。すなわち、権利の章典違反のモンロー判決とは異なり、本件申立ては第一四修正のデュー・プロセス条項のみに依拠しているとした上で、本件道具の紛失は第一四修正の〝剥奪〟に相当するが、州は申立人に対しその紛失を救済する手続きを定めている。州の救済は一九八三条の下での救済をすべて提供するものではないが、申立人の失った財産の損害を保障している限り「デュー・プロセスの要件は十分に満たされている」というのである。

パラットは職員の過失による〝剥奪〟事件であるが、最高裁はその後、意図的剥奪、すなわち、刑務所内のロッカー等の抜き打ちによる徹底的捜索の結果発見された薬物に関する一九八四年のハドソン判決（Hudson v. Palmer, 468 U.S. 517）において、州法は相当な事後の救済手続きを規定しているので第一四修正に違反しないとした。さらに刑務所内で放置された枕ですべって怪我をしたことを理由に一九八三条訴訟を提起した一九八六年のダニエルズ判決（Daniels v. Williams, 474 U.S. 327）、あるいは他の囚人による脅迫の事実をノートで看守に報告したにもかかわらず、放置されて二日後に暴行を受けて負傷したことを理由に一九八三条による損害賠償を求めた一九八六年のディビドソン判決（Davidson v. Cannon, 474 U.S. 344）においても、デュー・プロセス違反を否定している。[13]

(3) 公務員の責任と免責

前述のように、申立人の憲法上の権利を侵害する行為があれば公務員は直ちに一九八三条による損害賠償責任を負うというのではない。最高裁は公務員に対する種々の免責制度を創設しており、地方公務員の憲法に反する行為が〝合理的な公務員であれば知っていたであろう明確に確立した憲法上の権利（clearly established constitutional rights of which a reasonable official would have known)〟を侵害しているときに限り、彼らは一九八三条訴訟の下で個人的に責任を負う（personally accountable）ことが確立しているからである。

最高裁は当初、コモン・ローでは「警察官が有効であると信じた制定法の下で善意で行動したのであれば、たとえその後に当の逮捕が憲法に違反することが判明したとしても免責を与えられていた」ことを指摘し、一九八三条を適用するには「当の逮捕が合憲であることを善意で合理的に信じていた（reasonably believed in good faith）」かどうかを判断しなければならないとしていた。ところが、最高裁は一九八二年のハーロ判決で「純然たる客観的基準を支持して主観的な基準を完全に放棄した。」ハーロはニクソン大統領の元補佐官らに対する損害賠償請求事件である。一九八三条は連邦公務員には適用されないので、実は一九八三条の事案ではなかった。しかし、最高裁は、個人の損害賠償請求権は憲法上の規定から生ずる、それ故、たとえ一九八三条の適用がないとしても、憲法上の権利侵害を理由として連邦公務員に対し損害賠償訴訟を提起しうると判示した。このような訴訟は、一九七四年のニクソン大統領辞任に至る一連のウォーターゲート事件関連で確定した判例からビベンズ訴訟（Bivens actions）として知られている。

ハーロ判決では空軍を違法に解雇されたことを理由とする民事上の損害賠償訴訟において、盗聴など中立人（F）の憲法上の権利を侵害するコンスピラシーに参加したとされる元大統領のホワイトハウス補佐官ハーロの免責が争われた。最高裁は絶対的免責を否定したが、ハーロ等には限定的免責を申し立てる資格があるとした上で、その基準について次のように判示した。

免責問題の解決には内在的に不可避的な害悪（the evils）間のバランスが必要となる。公務員の権限濫用の場合には、損害賠償訴訟が憲法の保障を擁護（vindication）するための唯一の現実的方策である。しかしながら、それと同時に、訴訟はしばしば「有罪者と同様に無罪者（the innocent as well as the guilty）に対してもなされうる。」競合する価値の調整として最上と思われる限定的免責を確証するに当たり、われわれは重要でない訴訟を早期に終了させるという前提でこの基準に依拠してきた。申立人らは、重要でない訴訟を正式裁判（trial）なしに却下するには先例によって確立している従前の〝善意〟の基準の調整が必要であるとの説得力ある主張をしている。

限定的ないし善意の免責は、被告人たる公務員によって申し立てられなければならない積極的抗弁である。当裁判所の判例は〝善意〟の抗弁には〝客観的〟な側面と〝主観的〟な側面があることを指摘してきた。われわれは、主観的要素と客観的要素の両者に言及して、もし当の公務員が公務員としての責任の範囲内においてとった行動が申立人の憲法上の権利を侵害するであろうことを〝知っていたか、又は合理的に考えて知っていて当然と思われる（reasonably should have known）〟場合、あるいは彼が悪意の意図（the malicious intent）で憲法上の権利の剥奪を招く行動をとった場合には、限定的免責の抗弁は敗れると判示してきた。善意の抗弁の主観的要素はしばしば、重要でない申立ては正式公判に至るべきでない（should not proceed to trial）との先例の警告と調和しないことが判明している。

主観的動機を調査するには広範囲の証拠開示、および数多くの人の宣誓証言が必要となる。われわれは本日「単なる悪意の主張だけでは正式公判のコストや広範囲の証拠開示の負担を公務員に課すのに十分でないと判示する。それ故、裁量的機能を果たす公務員は、彼らの行為が合理的な人であれば知っているであろう明確に確立した制定法上または憲法上の権利を侵害しない限り、一般に民事上の損害賠償責任を免れると判示する。」

明確に確立した法に照らして判断される公務員の行為の客観的合理性に依拠することによって、多くの重要でない主張が正式な事実審理を経ない判決（summary judgment）で解決されることになる。その判決の際、裁判官は現に適用される法律だけでなく、その法律が公務員の行動が発生した当時明確に確立していたかどうかを適切に判断できる。この出発点たる免責の問題（this threshold immunity question）が解決されるまで、証拠開示は認められるべきでない。もし明確に確立した法律に違反したのであれば、免責の抗弁は通常失敗することになる。(14)

(4)　具体例

このように公務員は一般に、合理的な人であれば知っているであろう明確に確立した制定法又は憲法上の権利を侵害していない限り、限定的免責を与えられるため、損害賠償責任を負わない。例えば、最高裁は一九八七年のアンダソン判決（Anderson v. Creighton, 483 U.S. 635, 639）において、強盗犯人隠匿の疑いでG宅を無令状捜索したところ犯人が見当たらず、後にGが当の捜査官相手に第四修正違反を理由に一万五〇〇〇ドルの金銭賠償を求めた事案で、ハーロ判決で「明確に確立した」ルールに照らして判断すると、捜査官の本件行為の客観的合理性は肯定できるとして限定的免責を認めている。このほか、ゴア副大統領の演説中、動物虐待反対の旗を持ち出し演台に駆け寄ろうとして阻止され警察車両に一時押し込められた男性が後に損害賠償を請求した二〇〇一年の事案（Sancer v. Katz, 533 U.S. 194, 208～209）で、アンダソン判決を引用しつつ、たとえ第四修正に違反するとしても、本件情況下においては捜査官には限定的免責を受ける権利があるとしたものなどがある。

なお、住居侵入の被疑者を追跡中の警察官が、警告の上「逮捕に必要なあらゆる手段をとることができる」旨の州法に従って発砲したところ命中し被疑者が死亡したため後に父親が一九八三条訴訟を提訴した一九八五年の事案（Tennessee v. Garner, 471 U.S. 1, 11）につき、被疑者の殺害は第四修正の逮捕押収（seizure）に当たるとした上で、丸腰の被疑者に対する致死力（deadly force）の行使を認めている限りにおいて州法の規定は違憲である旨判示されている。また、発作を押えるためのジュース購入時に誤認逮捕され負傷した糖尿病患者が第一四修正違反を理由に一九八三条訴訟を提起した事案につき、「実体的デュー・プロセスの基準ではなく、第四修正の〝客観的合理性〟の基準の下で」その是非を検討すべきであるとした判例がある。第四修正はこの種の捜査官の物理的侵入に対する憲法上の保護を明文で規定しているのであるから、より一般的な第一四修正の〝実体的デュー・プロセス〟の観念ではなく、第四修正が指針とならなければならないというのである。グラハム判決（後出）。同旨として、スピード違反のオートバイを追跡中の警察官が横転したオートバイの同乗者をはねて死亡させた事案につき、「第四修正によってカバーされる限りにおいて、実体的デュー・プロセスの分析は相当でない」とした一九九八年の判例（County of Sacramento v. Lewis, 523 U.S. 833, 843）がある。

一九八三条はいわゆる再建（Reconstruction）とそれに伴う州と連邦の関係における根本的変化の産物である。市民的権利に関する法律（Civil Rights Acts）の一つとして一八七一年に制定されたクー・クラックス・クラン法（Ku Klux Klan act）の第一条に現行法とほぼ同一の規定があり、憲法に違反する州の行為の犠牲者には不法行為者（the wrongdoing person）を訴える権利が認められている。その後ごく一部の修正を経て制定された現行の一九八三条（42 USCA §1983）は〝州の制定法、条例、規則……の外観の下に（under color of）〟合衆国市民から〝憲法および法律によって保障されている何らかの権利、特権、または免責を剥奪した者はすべて法律上の訴訟において侵害された当事者（the party injured）に対し責任を負う〟と規定している。

一九八三条はその後もほとんど利用されなかったが、前述のように合衆国最高裁が一九六一年のモンロー判決において警察官による憲法違反行為の被害者は一九八三条を根拠として連邦裁判所に当該警察官に対する損害賠償訴訟を提起できるとして一九八三条の再生（rebirth）を明示したため同条を利用した一九八三条訴訟が急増する。今日のアメリカでは地方自治体公務員によって憲法上の権利等を侵害された市民は、当の自治体および公務員に対する損害賠償請求を連邦裁判所に求めることができる、しかし損害賠償を求められた公務員は、たとえ憲法上の権利等を侵害したとしても合理的な人であれば知っているはずの憲法上の権利に照らしその行為の客観的合理性が認められれば、責任を免れることが確立しているのである。

なお、一九七三年のジョンソン判決（Johnson v. Glick, 481 F.2d 1028）は、指示に従わなかったとして懲戒時に口答えなどをしたところ看守から不当な暴行を受けるなどしたことを理由に未決囚ジョンソンがニューヨーク・マンハッタンの拘置所長グリックおよび看守に対し損害賠償を請求した事件である。後に一九八九年のグラハム判決で明確に否定されたものの、下級審に大きな影響を与えた著名なフレンドリィ裁判官執筆の判決であり、実体的デュー・プロセス違反に関するその判示内容は興味深い。それはおよそ次のとおりである。

本件の解決策は、警察官の残虐行為（brutality）に対する憲法上の保護は第八修正や第四修正など明文の規定に違反する行為に限定されないという命題（proposition）の適用いかんによる。ローチン判決によれば、権利の章典の明文規定とは全く別に（quite apart from any "specific" of the Bill of Rights）法執行官による不当な有形力の行使は法のデュー・プロセスによらずに被疑者から自由を奪うことになるとの命題が有効とされなければならない。ローチンは警察官によって憲法上の権利を侵害されたのであるからその結果獲得された有罪判決を無効とする権利を与えられるというのであれば、彼はまた市民の権利に関する法律の下で訴訟を提起するに足りる（憲法）違反の犠牲者でもあったことになる。何が残虐行為に相当するかの考えとは必ずしも同一でないにしても、同一の原理は刑務所内での矯正職員による残虐行為にも拡大されるべきである。

〝良心にショックを与える〟というローチン判決の基準はコンピューターによって適用できるものではないが、それは少なくとも一定の進路を示している（points the way）。少数の看守による、通常は従順とはいえない男女の多数の囚人の管理には、故意の有形力の行使も時には必要で正当化できることもあろう。たとえそれが後に裁判官の静かな部屋では不必要と思われるような一突き（push or shove）であっても、必ずしもそのすべてが囚人の憲法上の権利を侵害するものであるとはいえない。「憲法の一線を越えたかどうかを判断するに当たり裁判所は有形力の行使の必要性、用いられた有形力の必要性と程度との関係、課された害悪の程度、および有形力は秩序の維持回復のために行使されたのか、それとも悪意かつ残虐に害悪を引き起こす目的で行使されたのか、そのような諸要素を検討しなければならない。」このような見解に立脚して本件申立人（ジョンソン）の主張に素直に耳を傾けると、看守に対する申立ては正当として支持できるが、所長に対する申立ての根拠としては不十分であり支持できないというのである。

合衆国最高裁はその後、一九八九年のグラハム判決において、警察官の誤認逮捕を理由に第一四修正違反が争われた事案につき、「実体的デュー・プロセスの基準でなく第四修正の〝客観的合理性〟基準の下で検討するのが適切」であるとした。「第四修正はこの種の公務員の物理的侵入行為に対する憲法上の保護を明示に規定しているのであるから一般的な〝実体的デュー・プロセス〟の概念ではなく」第四修正が指針とならなければならない、このことはすでに先例によって黙示的に判示されているが本日このことを明示しておくというのである。一九九二年のコリンズ判決は、清掃作業中に死亡した市職員の遺族が職員の安全に対する市の無関心等を理由に第一四修正違反を主張した事案につき、〝合衆国最高裁は実体的デュー・プロセスの概念を拡大するのをためらってきた〟と指摘した上で、従業員に安全な環境を提供する市の義務は「デュー・プロセス条項の実体的構成要素である」との主張はデュー・プロセス条項の歴史および先例の裏付けを欠いていると判示した。要するに、職場での最小限度の安全を提供する伝統的な州の不法行為法によれば格別、それとは独立した第一四修正のデュー・プロセス条項を根拠に連邦法上の義務を課すことはできないというのである。

そして一九九四年のオルブライト判決は、州法上の犯罪事実なしとして裁判所によって刑事訴追が却下された事案につき、コリンズ判決の前記一文を引用したうえで「第一四修正のデュー・プロセス条項は実体的権利および手続的権利の両者を付与している」としつつ、権利の章典が憲法上の保護を明示している場合にはそれを指針とすべきであって一般的な第一四修正による実体的デュー・プロセスを根拠規定とすべきでないとした。【7】ラニール判決はやや特異な事件であるが、現職裁判官による裁判所女性職員等への性的暴行事件につき良心にショックを与えるとして実体的デュー・プロセス違反を肯定した原判決での反対意見を全員一致で採用したものである。

このような状況下に一九九八年のルイス判決は、停止命令を無視し逃走したオートバイを追跡中のパトカーが横転したオートバイの同乗者をはねて死亡させたため遺族から実体的デュー・プロセス違反を理由とする警察官に対する損害賠償請求が求められた事案につき、従前の判例を引用しつつ「第四修正によってカバーされる限り、実体的デュー・プロセスの分析は相当でない」とした上で、本件追跡は「第四修正の意味における逮捕押収でない」し良心にショックを与えるものでもないから実体的デュー・プロセスに違反しないとした。そして二〇〇三年のチャベス判決は、職務質問時の発砲で重傷を負い病院で緊急手術中の被疑者に執拗な質問を繰り返し「先に銃を奪った」旨の供述を獲得した事案につき、当該供述が刑事事件において当の本人に不利益な証拠として用いられていない限り、第五修正の自己負罪拒否特権違反はないとしたうえで、実体的デュー・プロセス違反の点については差戻審で検討されるべきであるとしたのである。

以上はすべて一九八三条訴訟によるものであるので、節を改め順次詳しく検討しておく。

ところで合衆国法典第一二編一九八三条は、原告が援用できる法的責任に関する法的武器の中でも最も頻繁に使用されているもの（佐伯千仭監修・アメリカ刑事手続法概説五一二頁）であるにもかかわらず、その具体的内容はわが国では必ずしも十分に知られていないのである。

【8】　合衆国最高裁グラハム判決（一九八九年五月一五日）

本判決（Graham v. Connor, 490 U.S. 386）は発作を抑えるためのスーパーでのジュース購入時に誤認逮捕され負傷した糖尿病患者が第一四修正のデュー・プロセス違反を理由として損害賠償を請求した事案につき、「実体的デュー・プロセスの基準でなく第四修正の〝客観的合理性〟の基準の下で」その是非を判断すべきであるとしたものである。先に指摘したように下級審に多大の影響を与えた一九八三条訴訟に関する第二巡回区のフレンドリィ裁判官の見解を否定したものとしても著名である。

【事　実】　糖尿病患者であるグラハム（X）は一九八四年一一月一二日、インシュリン反応の発作を感じた。彼はその発作を押えるためにオレンジ・ジュースを購入すべく友人（B）に近くのコンビニまで車で連れて行ってくれるように頼んだ。Bは同意したが、Xがコンビニの中に入るとレジに多くの人が並んでいた。遅くなることを心配した彼は急いでコンビニを出て友人の家まで車で送ってくれるようBに頼んだ。

ノースカロライナー州C市の警察官である本件被上告人コナー（P）は、Xが急いで店を出入りしたのを見た。何か不都合なことがあったのではないかと疑ったPは、Bの車をつけてコンビニから一マイル半のところで停止させて職務質問（investigation stop）をした。Xは単に糖反応（sugar reaction）を生じたにすぎないと説明したにもかかわらず、Pはコンビニで何かあったかを確認するまで待機するよう両名に命じた。Pが応援を求めてパトカーに戻ったとき、Xは車から降りて車の回りを二回走ったあと歩道の縁石にへたり込みそこでしばらく気を失った。間もなく要請を受けて応援の多数の警察官が現場に到着した。その一人は、Xを歩道の方に転がし砂糖を与えて欲しいとのBの要請を無視して手をねじ上げXに両手錠をかけた。他の警察官は〝いままで多くの糖尿病患者を見たがこんなのは見たことがない、酔っ払っているのだろう〟と言った。警察官は数人がかりでXを背後から抱え上げBの車に運び込み、そしてXの顔をボンネットに押し付けた。意識を取り戻したXは財布の中にある糖尿病証明書を探して欲しいと頼んだが、警察官の一人は〝黙れ〟と言ってXの顔を車のボンネットに押し付けた。四人の警察官は、Xの友人の一人がオレンジ・ジュースを持ってきたにもかかわらずXに飲ませることを拒否した。Pは、Xがコンビニで何も不都合なことをしていなかった旨の報告を受けXを自宅まで送りとどけて釈放した。

Xは、警察官との遭遇中に足の骨折や肩などの負傷のほか今日に至るまで耳鳴りが続いている、PがXを停止させて職務質問した際に〝合衆国憲法第一四修正の下でXに保障されている権利〟を侵害して不当な有形力を行使したとして本件にかかわりのあるすべての警察官に対し損害賠償を求めるいわゆる一九八三条訴訟を起こした。本件は陪審の面前で審理された。申立人（X）の証拠提出終了時にPらは指示評決（directed verdict）を求めた。地方裁判所はこの申立てを審理する際に以下の四要素を考慮した、この四要素は〝当の不当な有形力の行使が一九八三条の下での請求原因となるかを判断する際に考慮すべき要素〟と同一であった、すなわち、⑴有形力を用いる必要性、⑵その必要性と用いられた有形力の程度との関係、⑶負わせられた傷の程度、および⑷その有形力が用いられたのは秩序を維持し回復するための善意の努力によるのか、それとも損害を与えるというまさにその目的のために過度なまでに残酷になされたのかである。そして地裁は、以上の四要素を適用して、Pらの用いた有形力の程度は本件状況下において適切であり「識別できる負傷はなかった」、そして用いられた有形力は〝損害を与えるというまさにその目的のために悪意または過度なまでに残酷に行使されたものでなく、爆発的な状況に発展する可能性に直面して秩序を維持ないし回復するための善意の努力〟で行われたものであると認定し、Pらの指示評決の申立てを容れた。C市も当初被告人として名指されていたが、地裁はC市に対しては指示評決の申立てを容れ、Xはこの点については控訴審で争わなかった。

第四巡回区控訴裁判所は、裁判官の見解は分かれたが、これを支持し、地裁はXの不当な有形力の行使の申立てを判断する際に正しい法的基準を適用したと認定した。反対意見を述べた一人の裁判官は、一九六八年のテリー判決（Terry v. Ohio, 392 U.S. 1）、および一九八五年のガーナ判決（Tennessee v. Garner, 471 U.S. 1）によれば、職務質問時の停止中に生じた不当な有形力の行使の主張は第四修正の〝合理的客観的〟基準の下で検討されることを要求していると主張した。

これに対し合衆国最高裁は上告受理の申立てを容れ、全員一致で原判決を破棄した。なお、法廷意見の執筆はレンキスト首席裁判官である。

【判　示】　原判決破棄。「本件は、法執行官が逮捕や職務質問のための停止またはその他の人の〝逮捕押収（seizure）〟の過程において不当な有形力を用いたとの自由な市民の申立てをどのような憲法上の基準で規制するかの判断をわれわれに求めている。われわれは、そのような申立ては実体的デュー・プロセスの基準でなく第四修正の〝客観的合理的〟基準の下で検討するのが適切であると判示する。」

第二巡回区控訴裁判所は一五年前の一九七三年のジョンソン対グリック判決（Johnson v. Glick, 481 F.2d 1028）において、看守によっていわれない暴行を受けたと主張する公判前被拘禁者による一九八三条賠償訴訟事件を取り扱った。申立人の主張を判断する際にフレンドリィ裁判官（Judge Friendly）は、公務員の物理的に乱暴な行為に対する文言上明白な二つの憲法上の保護の源泉である第四修正と第八修正を適用しなかった。それに代えて彼は〝実体的デュー・プロセス〟に目を向け、〝権利の章典の特定の権利とは全く別に法執行官による不当な有形力の行使は法のデュー・プロセスなしに被疑者から自由を奪うことになる〟と判示した。彼は、このような命題（proposition）の裏付けとして胃ポンプによって獲得された証拠に基づいた州の刑事被告人の有罪判決を無効とするためにデュー・プロセス条項を用いた一九五二年の【1】ローチン判決に依拠した。〝良心にショックを与える〟警察官の有形力の行使があれば刑事被告人の有罪判決の破棄が正当化できるというのであれば、矯正所職員によるそれと類似の有形力の行使があれば一九八三条訴訟の対象となるデュー・プロセス違反になるのは間違いないというのである。さらにフレンドリィ裁判官は、一定の有形力の行使によって〝憲法上の一線を越えたか〟を判断する際に裁判所の指針となる四要素――これは本判決で下級裁判所によって依拠されたのと同一の四要素である――を明らかにした。

ジョンソン判決以降、大多数（the vast majority）の連邦下級裁判所は、一九八三条の下で法執行官や刑務官に対し提起された不当な有形力の行使の主張に対し一定の有形力の行使が相異なる基準によって規制される特定の憲法上の権利にかかわりがあるかを検討することなしに、この四要素から成る〝実体的デュー・プロセス〟の基準を一律に適用してきた。現に、多くの裁判所は本件で下級審がしたように、何らかの特定の憲法上の規定でなく、不当な有形力の行使を受けない一九八三条訴訟の基本原理に基づいた一般的（generic）〝権利〟があると考えていたように思われる。

われわれは、一九八三条訴訟の下で提起された不当な有形力の行使はすべて単一の一般的基準によって規制されるということのような見解を退ける。われわれが過去の判例で何度も指摘してきたように、一九八三条はそれ自体〝実体的権利〟の源泉でなく単に関連法上の権利を擁護するための方策にすぎない。一九八三条の下で提起された不当な有形力の行使の申立てを処理する際の検討は、まず争われている有形力の行使によって侵害されたとされる特定の憲法上の権利を明らかにすることから始めなければならない。多くの事例において、それは不合理な人の逮捕押収を禁止する第四修正か、あるいは残虐で異常な刑罰を禁止する第八修正であろう。そしてこのことは物理的に乱暴な公務員の行為に対する主たる憲法上の保護の源泉である。

本件におけるように、有形力の行使の申立てが逮捕または職務質問のための自由な市民の停止の文脈において生じた場合、不合理な逮捕押収をされない権利を市民に保障する第四修正の保護が発動されるものとして性格付けるのが適切である。このことは前出ガーナ判決からも明らかである。われわれはガーナ判決において、武器を携行せずその他危険でもない逃亡中の被疑者を逮捕するために致死力を行使したのは、たとえ逮捕する相当な理由が存在していたとしても被疑者の憲法上の権利を侵害するとの主張を取り扱った。中立人は第四修正およびデュー・プロセス条項違反を主張したが、われわれは第四修正の不合理な逮捕押収の禁止に言及することによって有形力の行使の合憲性を検討した。「われわれは、本日、ガーナ判決の分析時に黙示的であったことを明示し、逮捕、職務質問時の停止、または自由な市民の〝逮捕押収〟の過程において、法執行官が有形力――致命的であると否とを問わず――を行使したとするすべての申立ては、〝実体的デュー・プロセス〟のアプローチでなく、第四修正およびその〝合理性〟の基準の下で検討すべきであると判示する。第四修正はこの種の物理的に侵入する公務員の行為（govermmental conduct）に対する憲法上の保護を明示に規定しているのであるから、より一般的な〝実体的デュー・プロセス〟の観念でなくこの第四修正がこれらの主張を検討するための指針とならなければならない。」

一定の逮捕押収のために用いられた有形力の行使が第四修正の下で〝合理的〟であるかを判断するためには政府の利益と個人の第四修正の利益への侵入の性質およびその程度との注意深い衡量が必要である。特定の有形力の行使の〝合理性〟は、後からの視力正常検査（the 2 0/2 0 vision）ではなくその現場にいた警察官の観点から判断されなければならない。しかし〝合理性〟の調査は、他の第四修正の文脈におけると同様に〝客観的〟なそれである。すなわち、問題は警察官の行為はその意図ないし動機を考慮せずに彼らが直面した事情および状況に照らし〝客観的に合理的〟であるかどうかでなければならない。

不当な有形力の行使を受けたという申立人（X）の主張は第四修正の下で生じたものであるから、前出ジョンソン判決の四要素の下で判断した点において控訴裁判所は誤っている。個々の警察官が善意または悪意で行動したかどうかの検討を要求するジョンソン判決の基準は、適切な第四修正の分析と矛盾している。第四修正の調査は当該状況下での〝客観的合理性〟のそれであり、〝悪意〟〝過度に残虐（sadism）〟というような主観的概念は、第四修正の調査において適切な場所を有しない。

控訴裁判所は、本件を規制する実体法について誤った見解の下で指示評決の申立てに関する地裁の決定を再審理したのであるから、その判断は無効とされなければならない。本件を差し戻すこととする。

【9】　合衆国最高裁コリンズ判決（一九九二年二月二六日）

本判決（Collins v. Harker Heights, 503 U.S. 115）は、マンホールに入って作業中に窒息死した市清掃局職員の遺族が第一四修正のデュー・プロセス条項の下で職員の安全に対する市の無関心から保護される権利があったと主張していわゆる一九八三条訴訟を提起して市に損害賠償を請求した事案につき、実体的デュー・プロセス違反の主張を正面から否定したものである。

【事　実】　テキサス州H市の清掃局従業員であるコリンズ（Y）は一九八八年一〇月二一日、下水管を除去するためにマンホールに入った直後窒息死した。コリンズの妻である本件申立人（X）は、Yにはその身体等への傷害のリスクを受けずH市の職員の安全への無関心から保護される憲法上の権利があったと主張してH市に対しいわゆる一九八三条による本件損害賠償訴訟を提起した。訴状によれば、H市は下水管やマンホールでの作業の危険性に関し従業員を訓練せず仕事場での安全装置を設けず安全警告を怠るなどによってXの権利を侵害したというのである。地方裁判所は、憲法違反の主張はなかったとして本件申立てを却下し、第五巡回区控訴裁判所は憲法違反の問題には触れず、第一九八三条訴訟に必要とされる市の権限濫用はなかったことを理由にこれを支持した。

これに対し合衆国最高裁は、第五巡回区による一九八三条の解釈についての関心にあわせて第八巡回区にはそれとは異なる判決があることを理由に、上告受理の申立てを容れ、全員一致で、控訴審の解釈は合衆国最高裁の判例の裏付けを欠いているとしたうえでデュー・プロセス違反はないとして原判決を破棄した。

【判　示】　原判決破棄。本件で提示されている問題は、一八七一年の市民的権利に関する法律（the Civil Rights

Act）の一部として制定された一九八三条（42 U.S.C. §1983）は市がその仕事場での危険について職員に警告・訓練をすることを怠っていたことを理由にその職務の過程において致死傷を負った市職員への救済を提供しているかである。われわれは、たとえ州法の下で提訴できるとしても、そのような行為はデュー・プロセス条項に違反しないと判示する。

Ⅰ　われわれの判例は、憲法違反の立証から別個に政府の権限の濫用の立証を要求している旨の控訴審の一九八三条に関する解釈を支持していない。連邦法に違反する州の権限濫用に対する効果的救済を市民に提供しているとされる同法は、連邦法に違反しない濫用に対する救済を規定していないのである。

第一四修正のデュー・プロセス条項およびその他の連邦憲法の規定は、政府のために働く政府職員（employee）および彼らの下で働く（served）政府職員を保護する。そして一九八三条は、これらの保護の侵害によって負傷した（injured）すべての市民に対する請求原因（cause of action）を提供する。本件請求人（X）の死亡した夫（Y）が政府職員であったという事実も、その安全に対する市の故意の無関心（deliberate indifference）という性格付けも、Xの一九八三条の下での主張の受入れを拒否する十分な理由にはならない。そうであるにもかかわらず、市に対する一九八三条訴訟が起こされた二つの問題を正確に分析することが必要となる。すなわち、(1) 原告の被害（harm）は憲法違反によって生じたものであるか、そして(2) 市にはその違反に対し責任があるかである。市のポリシーについて触れたわれわれの法廷意見の大部分は後者の問題にかかわりがあったので、申立人（X）の主張は憲法違反を申立てていたかどうかを検討する前にそのことを検討するのが相当である。

Ⅱ　一九八三条は州法の外観の下（under color）に憲法によって保護された権利を奪う〝何人に対しても救済を規定している。当裁判所は一九七八年の判決において、市その他の地方政府は一九八三条が適用される人々に含まれる〟と判示した、それと同時に〝市のポリシーに従った行為が憲法上の不法行為（tort）の原因となる場合を除き〟市は責任を免れないことを明らかにしたのである。

Ⅲ　申立人（X）の憲法上の主張は、専ら第一四修正のデュー・プロセス条項に基づいている。同条項の最も周知の役割（office）は、州による生命、自由または財産の剥奪に関して公正な手続きを提供することである。Xは、しかし、本件で手続的デュー・プロセスを主張していない。それに代えて彼女は、〝それらを実行するために用いられた手続きの公正さにかかわらず若干の政府の行為〟に対し個人の自由を保護する同条項の実体的要素（the substantive component）に依拠している。

一般的な事柄として当裁判所は、常に、〝このような海図（unchartered）のない領域において責任ある〟判断を下すための道しるべ（guidepost）が乏しく変更自在（open-ended）であることを理由に実体的デュー・プロセスの概念を拡大することをためらってきた。この分野において新しい土地を切り開くことを要求されるとき、司法の自己抑制の原理の結果、われわれは常にきわめて慎重に対処している。それ故、本件での不服申立てに焦点を当てて問題となっている憲法上の権利については申立人がどのように述べているか、そしてXの夫からかかる権利を奪ったとされる市は、何をしたとされているかを判断することが重要である。

Xの不服申立てを公正に読むと、悪意でコリンズ（Y）の権利を侵害したとして市を非難していない。Xは市ないしその代理人（agents）が故意に彼女の夫に危害を与えたと主張していない。事実、彼女は、夫の上司は夫が負傷するであろうことを知っていた、または知っていて当然と思われる状況下に下水管の中に入ることを夫に指示したと主張していない。そうではなく彼女（X）は単に、市は合理的に安全な仕事環境を提供することを怠ることによって夫の生命と自由を剥奪したという一般的な主張をしているにすぎない。公平に分析すると、彼女の主張には二つの理論がある、すなわち、連邦憲法は職場での最小限の安全をその従業員に提供する義務を市に課している、またはコリンズの安全に対する市の〝故意の無関心〟は連邦裁判官の〝良心にショックを与える〟恣意的な

(arbitrary) 政府の行為であったというのである。

デュー・プロセス条項の文言も、その歴史も、政府の従業員に安全な仕事環境を提供する雇用者に対する政府の義務はデュー・プロセス条項の実体的要素であるとのXの主張を裏付けていない。〝第一四修正のデュー・プロセス条項は政府がその権限を濫用しまたは抑圧の手段としてそれを用いることを阻止することを意図していた〟のである。

市には最小限の安全設備を従業員に提供する連邦憲法上の義務があるというXの主張も、先例の裏付けを欠いている。われわれは、例えば、第八修正の残虐で異常な刑罰の禁止とは別に、公判前の非拘束者に対する拘禁状況が最小限の基準を満たすことはデュー・プロセス条項の要求であると判示したことがある。(Bell v. Wolfish, 441 U.S. 520, 535, n.16, 545 (1979)) を見よ。したがって、自由の剥奪に関連して憲法が保障する〝過程 (process)〟は最小限の身柄拘束の基準を満たす義務を含んでいる。しかし、中立人 (X) は、コリンズ (Y) が市職員としての採用時に任意に受けていた自由を市が剥奪したと主張することはできない。

われわれはまた、市の従業員を訓練せずその害のリスクについて警告しなかったことが「憲法上の意味において、恣意的ないし良心にショックを与えるもの」として性格付けるのが適切であるとの主張にも納得できない。Xの主張は、典型的な州法上の不法行為の主張に酷似する。すなわち、市は安全な仕事環境を提供しないことによってXの夫を保護する義務を怠ったというのである。われわれは従前から伝統的に、州の不法行為法によって伝統的に課せられてきたのと類似の連邦上の義務をデュー・プロセス条項の解釈によって課すことを拒否してきた。これら判例における理由付けは、公務員に対する主張にも一層適用される。連邦憲法ではなく州法が一般に雇用関係の実質を規制するからである。

本件で市の不法行為が憲法上の意味で恣意的として性格付けることをわれわれが拒否するのは、州政府の諸計画の運営は競合する社会的、政治的、および経済的要因を考慮した合理的な政策決定過程（rational decisionmaking process）によるとの前提に基づいている。下水管の整備や従業員の訓練のような、これら計画の特定の側面等に対する資源の配分に関する決定の多くは、政策上の選択にかかわりがある、それは全米に及ぶ政府の基本的綱領（the basic charter）を解釈する連邦裁判官によるよりも、各地方で選出された代表者によってなされなければならない。デュー・プロセス条項は、妥当でないまたは無分別な人事決定を禁止する保障ではないし、地方公務員に対し不合理な害のリスクから自由な職場を保障するものでもない。

以上を要するに、デュー・プロセス条項は職場での最小限の安全を提供する地方自治体とは独立した連邦上の義務を課していない、そしてわれわれは、市が清掃局従業員の訓練ないし警告を怠ったというのは憲法上の意味において恣意的でなかったと結論する。それ故、控訴裁判所の判決を破棄する。

【10】　合衆国最高裁オールブライト判決（一九九四年一月二四日）

本判決（Albright v. Oliver, 510 U.S. 266）は、薬物類似品の譲渡で起訴後に州法上の犯罪事実なしとして起訴を却下された元被告人が第一四修正の実体的デュー・プロセス違反を理由として一九八三条訴訟を提起して損害賠償請求をした事案につき、【9】コリンズ判決等を引用しつつ明文規定のある第四修正によらずに一般的な第一四修正のデュー・プロセス条項を根拠とすべきでないとして、その請求を退けた原判決を支持したものである。

【事　実】　イリノイ州当局は、違法薬物と思われる物質を譲渡したとの情報に基づいて上告人K・オールブライト（X）に逮捕状を発付した。令状発付を知ったXは自ら、M市警察官である被上告人オリーヴァ（P）の許に出頭し保釈金を納めたあと裁判所の許可なしに州を離れないなどを条件に釈放された。なお、本件情報が提供される前に秘密情報提供者であったMはPに対し、J・オールブライト・ジュニア（Y）なる人物からコカインを買ったことを知らせていた。しかし、この〝コカイン〟はふくらし粉であることが判明したため大陪審はYを薬物類似品（look-alike substance）譲渡の罪で起訴した、Pが逮捕状の執行に出かけたところYは退職した六〇歳台の薬剤師で、人違いであることが判明した。PがMと連絡を取り確かめたところ、MはXが本件物質の売買をしたことを改めて確認した。

予備審問においてPは、Xが薬物類似品をMに譲渡したと証言し、裁判所はXを公判に付する相当な理由があると認めた。後の公判前手続きにおいて裁判所は、本件起訴事実はイリノイ州法上の犯罪を明らかにしていないことを理由に、Xに対する刑事訴追を取り消した。

そこでXは、相当な理由のある場合を除き刑事訴追を受けないXの第一四修正の実体的デュー・プロセスの下での〝自由の利益〟をPは奪ったと主張して一九八三条訴訟を提起した。地方裁判所は、一九八三条訴訟の要件を満たしていないとしてXの申立てを却下し、第七巡回区控訴裁判所は先例に従ってこれを支持したが、本件起訴は一九八三条訴訟の対象となることを認めつつ、それは身体の拘束または雇用の喪失などが伴う場合に限られていると判示した。これに対し合衆国最高裁は、上告受理の申立てを容れ七対二で原判決を支持したが、下級審とは異なり「申立人Xの主張は実体的デュー・プロセスでなく第四修正の下で判断されなければならない」という理由に基づいていた。

【判　示】　原判決支持。イリノイ州当局によりXの逮捕令状が発付された。そのことを知った彼（X）は自ら出頭し保釈金を納めて釈放された、Xの起訴はその後、イリノイ州法の下での犯罪を明示していないことを理由に取り消された。Xはわれわれに、相当な理由のある場合を除き刑事訴追されないという第一四修正のデュー・プロセス条項の下での実体的権利を認めるように求めている。われわれは、そのようにすることには応じられない（decline to do so）。

一九八三条は〝それ自体、実体的権利の源泉でなく〟単に〝連邦上の権利を擁護するための方策〟を規定するにすぎない。このような賠償請求での最初のステップは侵害されたとされる特定の憲法上の権利を確認することである。

Xの本件での主張はきわめて限定されており、Pの本件行為は相当な理由なしに刑事訴追されないというXの実体的デュー・プロセスの権利を侵害したと主張する。彼（X）は第一四修正によって保障されている手続的デュー・プロセスを否定されたと主張していない。彼の州当局への出頭は第四修正の趣旨に照らし逮捕押収（seizure）に相当するという事実があるにもかかわらず、第四修正の権利侵害も主張していない。われわれは、まず【9】コリンズ判決での指摘を繰り返すことによってXの主張の分析を始める。すなわち〝一般的な事柄として、当裁判所は、このような分野において責任ある〟判断を下すための道しるべが乏しく変更自在があることを理由に実体的デュー・プロセスの概念を拡大することを常にためらってきた。〟実体的デュー・プロセスの保護は、その大部分を婚姻、家族、生殖および身体の完全性に関する事柄に与えられてきた。【6】ケイシィ判決を見よ。相当な理由を根拠とする場合を除き訴追されないというXの申立ては、これらの判例群によって認められてきたそれと著しく異なっている。

Xは、「第一四修正のデュー・プロセス条項は実体的権利および手続的権利の両者を付与している」との一九八六年のダニールズ判決（Daniels v. Williams, 474 U.S. 327, 331）などの判例に依拠する。むろん、このことは疑いもなく真実であるが、それは実体的デュー・プロセスの範囲に関して光を投げかけるものでない。Xはとりわけ、マグナ・カルタの〝国の法〟によるとの文言は〝政府の権限の恣意的行使から個人を保護することを意図していた〟という一八八四年のハタード判決での一文を指摘する。このこともまた認められうるけれども、刑事訴追のすべての局面において憲法の命ずる唯一の調査は、問題の政府の行動が〝恣意的〟であったかどうかであるということにはならない。ハタード判決は、すべての破廉恥罪に対する訴追はすべて大陪審の起訴によらなければならないとする第五修正の要求は州に適用されないと判示した。当裁判所は、ハタード判決以降の一〇〇年の間に権利の章典の中に含まれている手続上の保護の多くは第一四修正によって州に適用されると結論してきた。第四修正の排除法則、第五修正の自己負罪拒否特権、第五修正の二重の危険の禁止、第六修正の弁護人依頼権、迅速な公開の裁判を受ける権利、強制的手続による証人喚問権、陪審の裁判を受ける権利等、これらすべてが州に適用されることが確立している。

このような判例の過程は、これらの刑事手続きの分野において最初の憲法修正一〇箇条の中で具体化されている権利の章典の種々の明文規定の保障は第一四修正を解釈する従前の判例の中に含まれていたより一般的な文言に変えられてしまった。権利の章典の起草者はまさにこのような権利の章典の規定によって一定の状況下での政府による恣意的な権限の行使を制約しようとしたのである。「特定の修正（条項）が〝政府の一定の態度に対する憲法上の保護の源を明示に規定している〟場合には〝より一般的な実体的デュー・プロセスの観念ではなくその修正（条項）がこれらの主張を分析するための指針とならなければならない。」【8】グラハム判決三九五頁。

われわれは、このような原理は本件においても同様に適用できると考える。憲法起草者は公判前の自由の剥奪の問題を検討し、そしてそれに対処するために第四修正を起案した。われわれは過去において刑事訴追に伴う自由の剥奪と第四修正の関係を指摘したことがある。われわれは、被告人（the accused）は〝起訴するとの決定につき裁判所の再審査を求める権利〟がないと述べた。しかし本件でXは、告発された（charged）のではなく自ら出頭して逮捕されたのである。

われわれは、Xの本件申立てが第四修正の下で成功するかに関する見解を明らかにしない。Xは上告受理の申立てによってこのような問題を提示していないからである。われわれは、〝乏しい道しるべしかなく変更自在になる〟、【9】コリンズ判決一二五頁、実体的デュー・プロセス違反の主張によってXに救済を与えることはできないことを強調しておく。

【11】合衆国最高裁ルイス判決（一九九八年五月二六日）

本判決（County of Sacrament v. Lewis, 523 U.S. 833）は、速度違反のオートバイを追跡中の警察官が横転したオートバイの同乗者をはねて死亡させた事案につき、「第四修正によってカバーされる限り、実体的デュー・プロセスの分析は相当でない」として一九八三条訴訟による損害賠償請求の申立てを否定したもので、前出関連判例の整理としても有益である。

【事　実】Ⅰ　一九九〇年五月二二日午後八時三〇分ころ、サクラメント郡保安官補Pは他の警察官（Q）と一緒に、けんか仲裁の要請に応答して現場に駆け付けた。仲裁後にパトカーに戻ったQは、高速で接近するオートバイに気付いた。オートバイは一八歳のAが運転し、Bが同乗していた。二人の少年はいずれも先のけんかとは関係がなかった。

Qは車上の回転ランプをつけて少年たちに停車を命じ、そのパトカーをPのパトカーに接近させオートバイを挟み込もうとした。Aは、Qの警告に応じてオートバイを寄せる代わりに二台のパトカーの間を巧みにすり抜けスピードをあげて逃走した。Pは、直ちに緊急ライトに切り換え、サイレンを鳴らしながら反転して高速で追跡し始めた。住宅街の一・三マイルの距離を七五秒間、オートバイは対向車を巧みに避けながら二台の車を道路外に追いやるなどしつつジグザグに進行した。オートバイとQのパトカーは一時間一〇〇マイルの速度までスピードをあげ、Pのパトカーは一〇〇フィートの近距離でそれを追跡していた。当時のスピードでは、Pのパトカーは停車時まで六五〇フィートを要することになる。

この追跡は、Aが急に左に曲がろうとしてオートバイが横転したため終了した。Pが急ブレーキをかけたときBだけが道路上に投げ出されていた。パトカーは時速四〇マイルのスピードでBの上に滑り込みBはその場で死亡した。

Bの両親（X）らは、「ルイス（B）の生命に対する第一四修正の実体的デュー・プロセスの権利が剥奪されたと主張し」サクラメント郡保安官事務所および保安官補Pらに対し一九八三条訴訟を提起し損害賠償を請求した。地方裁判所は、正式な事実審理を経ない判決（summary judgment）でPに有利な決定を下した。「警察官の高速での追跡の文脈下に第一四修正の実体的デュー・プロセスの権利が故人（B）にあったとの彼らの見解」を裏付ける一九九〇年五月以前の先例をXらは提示できなかったから、たとえPが憲法に違反したとしても彼には条件付免責（qualified immunity）を求める権利があるというのである。

これに対し第九巡回区控訴裁判所は、警察官の高速での追跡に適用されるべき適切な過失の程度は生命およびその安全に対する人の権利に対する故意の無関心（deliberate indifference）ないし未必の故意による無視（reckless disregard）であると判示し〝高速での追跡中の過程で警察官によって引き起こされた死亡または負傷に対する警察官の責任に関する法は明確に確立している〟と結論し、これを破棄した。サクラメント副保安官事務所の警察の追跡に関する一般的命令をPが無視したのは明らかであるとして地裁の決定を破棄したのである。

これに対し合衆国最高裁は、「追跡車事案における実体的デュー・プロセス違反に対する法執行官の責任の基準をめぐる巡回区での争いを解決するために上告受理の申立てを容れ」、全員一致で原判決を破棄した。なお、法廷意見の執筆はスータ裁判官である。

【判　示】　原判決破棄。本件での争点は、被疑者を逮捕する目的で高速車を追跡中に生命に対する故意ないし未必の故意による無関心を介してもたらされた死亡によって警察官は第一四修正の実体的デュー・プロセスの保障を侵害したことになるかである。われわれはノーと回答する、そしてこのような状況下において逮捕の正当な目的とかかわりのない害（harm）を生じさせようとする意図だけがデュー・プロセス違反に必要とされる、良心にショックを与える恣意的行為という要素を満たすことになると判示する。

Ⅱ　従前のわれわれの判例は、〝いかなる州も法のデュー・プロセスなしに、何人からも生命、または財産を奪ってはならない〟と規定する第一四修正第一節の保障は〝公正な手続き以上のものを保障〟しており、〝それらを満たすために用いられた手続きの公正さいかんにかかわりなく一定の政府の行為を禁止する〟と判示してきた。実体的デュー・プロセスに違反して生命に対する権利を奪われたとする本件でのXの主張は、先に指摘した状況下においてBの死をもたらしたPの行為は適法な目的によって正当化されない執行権の濫用であるのは明らかであるから第一四修正によって禁止されているという主張に相当する。

地裁の本件申立て却下の根拠となった条件付免責の問題はさておき、被上告人（Xら）は彼らの主張に対し主として次の二つの異議申立てに直面している。第一、この問題は当然に（実体的デュー・プロセスを適用できるかは除外して）より明確な憲法の規定によって規制されるという、第二、いずれにせよその主張は、執行権限の濫用による実体的デュー・プロセス違反を指摘するには不十分であるというのである。被上告人は、第一の異議申立てに対処（meet）できるが、第二の異議申立てには対処できない。

A　われわれは〝実体的デュー・プロセスの概念の拡大には常にためらいを示してきた〟ことを理由に【8】グラハム判決において、〝一定の修正（条項）が一定の政府の行為を禁止する憲法上の保護について明示の文言上の源を提供している場合には、より一般化された実体的デュー・プロセスという観念でなくその修正（条項）がこれらの主張を分析するための指針とならなければならない〟と判示した。このようなグラハム判決での判示（the rule）に照らし、本件口頭弁論で被疑者の逮捕を目的とする警察官の追跡にかかわるという事実はデュー・プロセス違反の主張を常に支持できるかが第一の問題として提示された。オートバイの追跡時にPは第四修正の意味における逮捕押収（seizure）をしようとしていたのであり、そして致命的な衝突によって多分ルイスを停止させることに成功したときであってもそうであった。それ故、恣意的な法執行活動に対する責任のデュー・プロセスの基準でなく、捜索および逮捕押収を規制する合理性の基準の適用に基づいて責任を判断しなければならないというのである。

先の開廷期に【8】グラハム判決で判示したように、被上告人の主張が第四修正によってカバーされる限り、実体的デュー・プロセスの分析は本件で適用されない。

第四修正は〝捜索および逮捕押収〟だけをカバーする、本件ではいずれも生じていない。「人を逮捕するための警察官の追跡行為は第四修正の意味における〝逮捕押収（seizure）〟ではない。」われわれは赤色燈および追跡行為によって被疑者を追跡しようとしたパトカーが衝突事故によって彼を停止させた場合には第四修正の逮捕押収は生じていないと判示してきた。本件はまさにそのような事案である。グラハム判決は被上告人の訴えの障害（bar）にならない。

B　われわれは、デュー・プロセスに関する当初の説明以降、デュー・プロセス概念の中心は恣意的行動に対する保護であると理解し、〝デュー・プロセスの試金石は政府の恣意的行動からの個人の保護〟であることを何度も強調してきた。乱暴な法執行を問題にした当裁判所の判例は、極めて悪辣な公務員の行動だけが憲法の意味において恣意的といえることを繰り返し強調してきたのである。

われわれは、今日までの半世紀間、良心にショックを与えるものと認識できる程度の法執行の権限の濫用について指摘し続けてきた。われわれは、この基準をまず最初に一九五二年の【1】ローチン判決で適用し、被疑者の胃にポンプを強制的に注入するのは〝良心にショックを与える〟行為として十分にデュー・プロセスに反し、文明化された行為の品位に違反することを認めた。その後も繰り返しローチン判決の基準に言及し、例えば、〝良心にショックを与え、きわめて残酷で伝統的なフェア・プレイや品位の観念に一致しない行為は実体的デュー・プロセスに違反する〟〝いわゆる実体的デュー・プロセスは、良心にショックを与え……あるいは秩序ある自由の観念の中に黙示的に含まれて権利への干渉する行為を政府がすることを阻止する〟と判示してきたのである。われわれはごく最近、【9】コリンズ判決において再び、「デュー・プロセス条項の実体的構成要素は法執行の行為が憲法上の意味において、恣意的ないし良心にショックを与えるものとして性格付けうるときにのみかかる行為によって侵害されることを指摘した。何が良心にショックを与えるかの測定には明確なものさしはないが、フレンドリィ裁判官が一九七三年のジョンソン判決で指摘したように、それは少なくとも一定の進路を示している（point the way）。」

良心にショックを与えるという憲法上の概念が伝統的なコモン・ロー上の過失のカテゴリーと同一でないのは驚くべきことでない。それ故、デュー・プロセスの保障は州の権限を装った者が損害を与えたとき常に責任を課す一群の法体系を伴うものではないことを明らかにし、〝わが憲法は伝統的な不法行為法にとって代わることを意図していない〟ことを確認した。したがって、われわれは、伝統的な不法行為責任の分母をショッキングな行為の標準とすることを拒否し過失による損害に対する責任は類型として憲法上のデュー・プロセスより下位にあると判示してきた。しかし、何らかの政府の利益によって正当化できない害を加える意図でなされた行為は、良心にショックを与える行為であり、〝歴史的にはこのようなデュー・プロセスの保障は人から生命、自由、または財産を剥奪する公務員の意図的（deliberate）判断に適用されてきた〟のである。

未必の故意ないし重過失（recklessness or gross negligence）のように、単なる過失ではないが意図的行為（intentional conduct）ともいえない中間の責任領域で害が発生したとき良心にショックを与える状況に到達したかどうかは、慎重な検討を要する問題である。われわれは〝公判前の被拘禁者のデュー・プロセスの権利は少なくとも有罪確定の囚人に適用される第八修正の保護と同程度に重要である〟と判示したことがある。刑務所職員が囚人の医療の必要性に対し意図的に無関心であったということは第八修正の責任として十分といえるので、そのような意図的で無関心な行為は未決囚への医療の必要性を理由とするデュー・プロセス違反の主張に対する過失要件（fault requirement）をも同様に満たすことになる。

デュー・プロセスのルールは、しかし、未知の領域での機械的な適用になじまない。ある状況下でショックを与える意図的無関心は他の状況下において必ずしも明白に悪辣であるということにはならない。憲法の一部として実体的デュー・プロセスを保持するというわれわれの関心事の結果、権限の濫用が良心にショックを与えうるものとして非難されるその前に正確な法的状況の分析が必要となる。われわれが手続的意味でのデュー・プロセスについて指摘したことはまさに本件にも真実である。すなわち

〝法のデュー・プロセスという文言は、権利の章典で他に明示された各別の規定の中にみられる概念よりも厳格でなく流動的な概念であることを示している。その適用は（明文規定の適用と比べると）通例の事柄でない（less a matter of rule）。それが否定されたという主張は、所与の事案における事実の全体の判断によって吟味されるべきである。ある状況下において基本的公正さの否定に相当し正義の普遍的意義にショックを与えるようなものであっても、他の状況下においてはその他の考慮に照らしてそのような否定に至らないこともありうるのである。〟

それ故、通常の公判前の身柄拘束や法執行中の高速追跡という全く異なる状況に目を向けると、ある状況下でショックを与える意図的無関心が他の状況下においては悪辣でなくなるということの理由が分かる。〝意図的無関心〟という言葉自体が暗示しているように、この基準は現実の考慮（actual deliberation）が実際的であるときにのみ意味がある、そして人を拘束する状況下において囚人の福祉を予め考慮しておくことは実行可能であるだけでなく囚人に自らの福祉に対する責任を果たす資格を奪う社会制度の下では義務でもある。国家が人をその意志に反して国家

の監視下に置いて身柄を拘束するとき、憲法は人の安全およびその一般的幸福に対し一定の責任を負うというそれに対応する義務を国家に課す。この原理の論理的根拠は十分に明白である。すなわち、

〝国家がその権限を積極的に行使することによって個人が自らを世話できないようにその自由を制約し、それと同時にその人間としての基本的な必要物——例えば、食物、衣服、住い、合理的安全性——を提供しないとき、国家はデュー・プロセス条項によって定められた国家の行動に関する憲法的制約に違反したことになる。〟

しかし、このような人を拘束している刑務所の状況描写は意図的無関心がどのようにして憲法上のショックを与える程度に達しうるかを示しているが、それと全く同様に、それはまた本件におけるような全く異なる状況下において無関心があったとしても、それは国家に責任を課すには十分でないことを示している。われわれは現に、意図的無関心は刑務所の環境下においてであっても囚人の主張が通常の拘束下のものではなく暴動への対応の下で生じたときには、第八修正の下ではあるが、憲法上の責任として十分でないことを認めてきた。われわれの分析は本件において有益である。すなわち、

〝囚人の暴動に直面して秩序の回復のための有形力の行使にかかわる判断を下す際、刑務所職員は疑いもなく、有形力を用いることによる囚人への害の可能性に加えて、囚人と刑務所職員の両者に現に存在する脅威をも考慮しなければならない。かかる状況下での意図的無関心の基準は、このように競合する義務の重要性を適切に把握していない。〟

したがって、われわれは、刑務所での暴動時における職員の責任に対しては意図的無関心よりもはるかに高い過失の基準（a much indifference）が立証されなければならないと判示した。このような状況においては〝秩序を維持または回復するという善意の努力の下で有形力は行使されたのか、それとも害を与えるというまさにその目的のために悪意かつサディスティックに行使されたのかによって責任判断は下されるべきであると判示したのである。突

然の警察官の追跡行為との（デュー・プロセス条項の下での）類似性を認めないのは難しいだろう。

暴動に直面した刑務所職員と同様、素早い行動を求められる場面に臨んだ警察官には相互に引き合う（tend to tug）義務がある。彼らの義務は合法的秩序を回復し、維持することであり、仕事をするのに必要である以上の無秩序をさらに悪化させることでない。彼らは断固たる行動をすると同時に、抑制を示すことが期待されている。その判断は〝迅速に、プレッシャーの下で、そしてしばしばその再考の恵み（luxury of second chance）なしに〟下されなければならない。追跡をするかどうかの警察官の判断は、一方において被疑者を停止させて法に背いた逃走は自由への道ではないことを示す必要性と、他方において被疑者であると通行人等であるとを問わずその停止領域内にあるすべての人に対する高速車の脅威とを比較衡量しなければならない。

このような軽い程度の過失が立証されたにすぎない状況下に実体的デュー・プロセス違反を認めるのは、囚人の福祉への意図的無関心に対する責任について刑務所職員には不急の判断を下す十分な時間があり、繰り返し反省する機会もあり、競合する義務を考慮する必要性もほとんどないということを看過することになろう。暴動時の第八修正の責任を認めるために害をもたらす目的が必要とされるのと全く同様、追跡事案においてデュー・プロセスの責任を求めるためにそれは必要とされるべきである。われわれは、被疑者を物理的に害するあるいはその合法的な逃走を悪化させる意図のない高速車の追跡は第一四修正の下での責任を生じないと判示する。

したがって、本件においてＰの側にあったと主張されている過失は、良心にショックを与える基準を満たしていない。控訴審は、本件異議申立てをルイス（Ｂ）の安全に対する意図的無関心であると解し生命に対するきわめて軽率な無視に相当するとした。われわれは、Ｐの主張についてのこのような解釈には同意するが、それが十分に実体的デュー・プロセスの主張に相当すると認めた控訴審の見解には同意できない。

Ｐは一連の無法な態度に直面したのであり、警察にはそれについて何ら非難されるべきものはない。Ａの法外な態度は即時のものであり、Pの直感的（本能的）反応もそうであった。Pの本能は法執行官としての仕事をすることであり、Aの無法を誘発したり害悪を加えたり殺害することでなかった。Pの行為が不法行為法によって支持されている合理性等に違反したかどうかにかかわらず、それは良心にショックを与えるものでない。

【12】 合衆国最高裁チャベス判決（二〇〇三年五月二七日）

本判決（Chavez v. Martinez, 538 U.S. 760）は、職務質問中に争いとなり重傷を負って病院に搬送されて手術中に取調べを受けて先に銃を奪った旨供述した男性が後に第五修正の自己負罪拒否特権および第一四修正の実体的デュー・プロセス違反を理由に一九八三条訴訟による損害賠償を請求した事案につき、問題の供述が当の本人に不利益な証拠として用いられていない限り、ミランダの権利告知がなされていなかったとしても、自己負罪拒否特権の侵害はないとした上で、実体的デュー・プロセス違反については改めて差戻審で検討されるべきであると判示したものである。第一四修正違反の点については見解が真二つに別れ、結論については五対四の僅差で決着するなどやや複雑であるが、実体的デュー・プロセス違反の具体例を知るうえでも重要な判決である。

【事　実】　Ⅰ　警察官Q（男性）、R（女性）の両名は一九九七年一一月二八日、住宅地域の空き地近くで麻薬事犯の捜査に従事していた。二人は、ある人物を取調べ中に空き地を横切る暗い小道に近付いてくる自転車に気付き、乗っていたマルチネス（X）に停車を命じた、Xはこれに従った。そこでRは捜検をし腰のバンドにナイフを発見した。RはQに注意するようにと言いながら、Xに手錠をかけようとしたところXはそれを振りきった。Xは抵抗しなかったと主張するが、いずれにせよ、QはXに組み付き乱闘が続いた。XがホルスターからRの銃を奪って二人に突きつけたかについて争いはあるが、Rが〝銃を奪われた〟と叫んだことに争いはない。Qは銃を抜いて何発かXに発砲した、その結果Xは失明のうえ半身不随の重傷を負った、QらはXを逮捕した。

パトロール隊長である本件上告人チャベス（P）は、間もなく医療補助員とともに現場に到着した。Pは病院までXに同行し、治療中のXを取り調べた。Pの取調べは、Xの緊急治療室から退室した時間を含めた四五分の間に合計およそ一〇分間続けられた。医師らは繰り返しPの退室を要求したが、Pは何度も再び治療室に戻り取調べを続けた。テープレコーダーによると、その取調べは実質およそ一〇分間続けられた。Xは当初〝知りません〟〝息苦しい〟と答えていたが後に、「警察官のホルスターから銃を奪い、それを警察官に向けたことを認め」、ヘロインを定期的に使用していたことを認めた。「ある時点でXは治療を受けるまで何も言いたくないと述べていたがPは取調べを続けた。この取調べのいかなる時点においてもXはミランダ警告を告知されなかった。」

Xは犯罪で訴追されることはなく、その供述はいかなる刑事訴追においてもXに不利益な証拠として用いられることはなかった。それにもかかわらずXは一九八三条訴訟を提起し、本件警察官（P）の行為は〝いかなる刑事事件においても自己に不利益な証人となることを強制されない〟第五修正の権利を侵害し、強制的取調べを受けることのない第一四修正の実体的デュー・プロセスの権利を侵害したと主張した。連邦地裁は、Pには第五修正および第一四修正の権利侵害の主張に対し条件付免責の抗弁（qualified immunity defense）をする資格はないと決定した。第九巡回区連邦控訴裁判所は、〝たとえXの供述が刑事手続きにおいてXに不利益な証拠として用いられなかったとしてもPの強制的取調べ自体が第五修正の権利を侵害することを認めた上で、Xのデュー・プロセスの権利侵害の主張については、警察官が強制的行為によって自白を獲得したとき当該自白が後に公判で用いられたかどうかにかかわらず警察官は第一四修正を侵害したことになると判示した。

これに対し合衆国最高裁は上告受理の申立てを容れ、原判決を破棄差し戻した。

本判決については、見解が大きく分かれた。トマス裁判官の意見（Ⅰ、Ⅱ、Ⅲ）にはレンキスト首席裁判官が全面的に賛成したが、スカーリア裁判官はⅢを除き賛成、オコーナ裁判官はⅠ、Ⅱ-Aに賛成したにとどまったため法廷意見にはならなかった。一方、スータ裁判官の意見（Ⅰ、Ⅱ）については、ブライアー裁判官が全面的に賛成し、Ⅱについてスティヴンズ、ケネディ、ギンズバーグ各裁判官が賛成したため、この点のみが法廷意見となり、実体的デュー・プロセス違反の点については差戻審で検討されることになった。

【法廷意見】　原判決破棄。　Ⅱ　われわれは、警察官には限定的免責を求める権利があるかを判断する際にまず警察官の当該行為が憲法上の権利を侵害したかを判断しなければならない。もし侵害していなければ警察官には限定免責を求める資格があるので、主張された権利が〝明確に確立〟しているかを判断する必要はない。われわれは、Xの主張は彼の憲法上の権利であると述べていないと結論する。

A　**1**　第一四修正によって州に適用される第五修正は、〝何人も、いかなる刑事事件において自己に不利益な証人となることを強制されない〟ことを要求している。第五修正のこの文言を根拠にして、どうしてマルチネス（X）が同条の権利侵害を主張できるのかわれわれには理解できない。Xは刑事事件において自己に不利益な証人となることを強制されたことは一切ないからである。

本件でXの供述はXに不利益な証言として認められたことは一切ないのであるから、Xは第五修正の自己負罪条項に違反して自己に不利益な〝証人〟とされたことは一切ない。また彼は宣誓下に置かれ、自己負罪か、偽証か、または法廷侮辱罪かの残酷な三者択一（the cruel trilemma of self-accusation perjury or contempt）にさらされたこともなかった。単に強制的取調べがあったということだけで、憲法に違反するとの第九巡回区の見解を支持することはできない。

2　さらに第九巡回区のアプローチは、当裁判所の判例法とも調和しない。訴追側は証人に対し、同証人が証言する刑事事件のターゲットでない限り、法廷侮辱罪の制裁の下で、公判または大陪審の面前での証言を強制できることは十分確立している。マーフィ判決（Minnesota v. Murphy, 465 U.S. 420, 427）、カスティガ判決（Kastigar v. United

States, 406 U.S. 441, 443) を見よ。たとえその供述によって刑事訴追を受けるという正当な危惧感を有するおそれのある人に対してであっても、それらの供述（またはそれらの供述から派生した証拠）が刑事事件においてその原供述者に不利に用いられない限り、有罪的証言を強制できることをわれわれは早くから認めてきた。ブラウン判決（Brown v. Walker, 161 U.S. 591, 602-604）を見よ。これらの判例におけるわれわれの判示は、第九巡回区の見解とは異なり、単なる強制だけでは、その強制された供述が刑事事件において証人に不利益に用いられない場合には、自己負罪条項の文言に違反しないことを示している。

3　われわれの判例は非刑事事件においても第五修正の自己負罪特権は主張しうることを認めてきたけれども、自己負罪を禁止する憲法上の権利侵害が生ずるのは人が刑事事件において自己に不利益な証人となることを強制された場合に限られるというわれわれの結論に変わりはない。

われわれは、自己負罪条項によって明示された憲法上の核心たる権利を保障するために第五修正の特権が非刑事事件における証人によって主張されうることを認めてきた。われわれは同様に、自己負罪条項の文言によって保護された権利の侵害を阻止するための予防手段としてミランダの排除法則（the Miranda exclusionary rule）を確立してきた。したがって、PがXにミランダ警告を読み上げなかったのはXの憲法上の権利を侵害していないので一九八三条訴訟の根拠たりえない。Xが自己に不利益な証人として強制された〝刑事事件〟が存在しないのであるから、その核心である第五修正違反の主張は無効である。われわれは、チャベスの行動は自己負罪条項に違反しないと認定し、Xの第五修正違反の主張に関して条件付免責を否定した第九巡回区の判断を破棄する。

第五修正の自己負罪条項の適切な範囲に関するわれわれの見解は、自白の原因である警察官の拷問等はその自白が公判で証拠として使用されない限り憲法上認められるという意味ではない。「われわれの見解は単に、第五修正の自己負罪条項ではなく、第一四修正のデュー・プロセス条項がこれらの事案での判断（the inquiry）を支配し、相当な状況下での救済を提供するであろうことを意味するにとどまる。」

B　第一四修正は〝何人も法のデュー・プロセスなしに、生命、自由、または財産〟を奪われないと規定する。きわめて残酷で人間の尊厳に反するため人の良心にショックを与える方法によって獲得された証拠に基づいた有罪判決はデュー・プロセス条項に違反する。ローチン判決一七四頁。ローチン判決は警察官の乱暴な行為に対する民事救済を確立したものではないが、われわれはルイス判決においてきわめて悪辣な警察官の行為によって生じた自由の剥奪はデュー・プロセス条項に違反しうることを認めた。われわれはルイス判決でオートバイ同乗者の死亡の原因となった高速追跡中の過程における警察官の意図的無関心はデュー・プロセスに違反するとの申立人の主張を退けたが、他の文脈での警察官の行為が〝良心にショックを与え〟一九八三条訴訟の下で責任を生ずる可能性については触れずに棚上げにしておいた。

「われわれは、チャベス（P）の取調べはマルチネス（X）のデュー・プロセスの権利を侵害していないことを確信する。たとえXに対する執拗な取調べがXの自由の利益を奪ったことになると仮定したとしても、Pの行為を〝悪辣〟ないし〝良心にショックを与える〟と性格付けることには同意できない。」ルイス判決で指摘したように、〝ほとんど良心にショックを与える程度に至る〟警察官の行為は〝いかなる政府の利益によっても正当化できない害を意図した行為〟である。本件ではPが意図的にXの医学的処置に介入することによってXに害を与える目的で行動したとの証拠はない。医療関係者は取調べ中もXを処置できたのであり、Pは取調べを中止して検査その他の処置を施すことを認めている。

Ⅲ　結　論　PはXの第五修正および第一四修正の権利を侵害しなかったのであるから、彼には条件付免責を受ける権利があった。それ故、第九巡回区の判断を破棄し、さらに審理を尽くさせるために本件を差し戻す。

【スータ裁判官の同調意見】

Ⅰ　自己負罪拒否特権違反を理由に一九八三条の下で損害賠償を請求する被上告

人マルチネス（X）の申立てについてはこれを却下し、本件を差し戻すべきである。トマス裁判官が指摘するように、第五修正の文言は刑事被告人の強制された自己負罪証言の法廷での使用に焦点をあわせており、強制的な自己負罪の禁止を保障する核心は、そのような証言の排除である。ギンズバーグ裁判官は、本件が一九七八年のミンシー判決（Mincey v. Arizona, 437 U.S. 385）に酷似しており、Xの証言が本人に不利な証拠として提出されれば容できないことを明らかにしているという。Xは、しかし、証拠法上の保護を越えて、そのような取調べ自体が第五修正および第一四修正に違反すると主張する。

Ⅱ　マルチネスが実体的デュー・プロセス違反を理由に賠償責任を要求できるかは、それ故、差戻審で取り扱われるべき問題である。

【スティヴンズ裁判官の一部同調、一部反対意見】　事実問題として、Xの本件取調べは、拷問による不任意自白獲得の試みに機能的に相当する。法律問題として、この種の残酷な警察官の行為は憲法上保護される自由の利益の剥奪に等しい。病院の緊急治療室で行われたテープ録音されたスペイン語による取調べの英語訳を見れば、Xが瀕死の状態にあったことを両者ともに認識していたことは明らかである。取調べ記録は、Pの執拗な取調べ中ずっと、Xは激しい肉体的苦痛と精神的苦悩に耐えていたことを生々しく示している。第一四修正のデュー・プロセス条項は〝良心にショックを与え〟たり、〝秩序ある自由の概念の中に黙示〟されている権利に介入する州の行為から個人を保護する。本件で現に行われた警察官による取調べは〝秩序ある自由の概念に黙示〟されている憲法上の権利侵害の古典的事例である。

【ケネディ裁判官の一部同調、一部反対意見】　本件警察官の取調べは二つの論点を提示する。すなわち、第一、ミランダ警告をしなかったこと自体が一九八三条の下で憲法違反として訴訟の対象となるか、そして第二、警察官がミランダ警告をせずに供述または自白を採取しようとした際に極度の強制ないし異常な圧力を用いたとき直ちに自己負罪拒否特権の下で訴訟対象となる憲法違反が発生したかどうかである。私は、前者についてトマス裁判官に同意するが、後者についてはスータ、トマス両裁判官の意見は不正確であると考える。彼らは特権の対象となる供述が後の刑事事件を拒否されるまで自己負罪拒否特権の違反は生じていないと結論しているからである。被疑者に対する憲法上の保護は後に刑事手続きが開始されるまで一時停止（in abeyance）されるものではない。以上がこの個別意見の前提である。

【ギンズバーグ裁判官の一部同調、一部反対意見】　本件での証拠は、ケネディ裁判官が説明するように〝質問に答えることを拒否することによって、自分の治療は遅延し、この苦痛および状態は悪化するであろうと被疑者が考えていた〟ことを裏付けている。私がこの個別意見を書くのは、「本件での取調べは、合理的な警察官であれば憲法上許されないと考えたであろうそのような強制の明白な事例であるとの私見」を述べるためである。

ケネディ裁判官によって適切に言及されているように、一九七八年のミンシー判決（前出）において「当裁判所は、病院での警察の取調べ中になされた一定の供述を不任意であると判示した。ミンシー判決は第一四修正のデュー・プロセス条項の下での許容性に関するものであるが、その取調べの強制的性質についての分析は本件において教訓的（instructive）である。」ミンシー判決で取り調べられた被疑者は〝その二、三時間前に重傷を負っていた、若干の治療を受けたけれども、取調べ時での彼の状態はなお重大で、彼は集中治療病棟にいた。〟彼は病室で筒や針、呼吸器をつけて、病室で仰向いて横たわっている間に取調べを受けた。被疑者が明確にもう話したくないと繰り返し述べたにもかかわらず、警察官は彼の意識がなくなったり戻ったりした間、執拗に彼を取り調べた。当裁判所は、このような状況下での被疑者の供述は〝彼の自由かつ合理的な選択でなかった〟ことは明らかであると考えたのである。「マルチネス（M）の取調べは、ミンシー判決における病院のベッドでの取調べに酷似している。」ケネディ裁判官が指摘するように、Mは〝顔面を撃たれて両眼を負傷していた。彼は苦痛で金切り声を上げ、警察官との出会い時の詳細について繰り返し取り調べられた間、意識が戻ったり失ったりしていた。〟〝このように衰弱して助けのない状態でMは取り調べられたくないという希望を明確に表明していた。〟それにもかかわらずXは、彼の取調べを続け、Mが意識を失ったり医学上の処置を受ける間だけ、取調べを中止したのである。Mは苦痛とショックで衰弱し、〝ほとんど意識もなく、彼の意思は完全に打ち負かされていた。〟それ故、〝本件における全体の状況は〟〝Mの供述は任意になされたものでないこと〟を確証しているとの地方裁判所の判断に同意する。

（7）Michael G. Collins, Section 1983 Litigation 3d Edition at V（Thomson West, 2006）.
（8）Id. at 1-2.
（9）Id. at 3-6.
（10）Id. at 6-9.
（11）Stephen J. Shapiro, Public Officials' Qualified Immunity in Section 1983 Actions under Hallow v. Fitzgerald and its Progeny : A Critical Analysis, 22-2 Journal of Law Reform 249, at 249-252（1989）.
（12）Id. at 253-254, 254 n. 34.
（13）Collins, supra note 1, at 41-42.
（14）Shapiro, supra note 11, at 255-257.

第三章　弾丸摘出手術の適否

前述のように最高裁は昭和五五年（一九八〇年）一〇月二三日第一小法廷決定において、医師が警察の医務室で身体検査令状及び鑑定処分許可状を得た警察官の要請に応じて、カテーテル（導尿管）を用いて強制的に覚せい剤自己使用の疑いある被疑者から尿を採取した事案につき、真に止むを得ぬ「最終的手段」としてその適法性を肯定し、さらにその実施には基本的に捜索差押令状によるべきことを明らかにした。検察実務家はこぞって本決定に賛意を表するが、強制採尿は人の秘部に器具を挿入して証拠物を獲得するというまさにドラスティックな捜査方法であるだけにデュー・プロセスに違反する疑いが濃厚であるばかりか、人の身体内部の体液を捜索差押令状によって採取しうるとの見解は従来皆無であっただけに、本決定の妥当性を疑問視する見解が少なくなかったのである。

ところでアメリカでは、体液の採取であると体内の異物の収集であるとを問わず、人の体内の証拠物の取得のため身体の内部に働きかける行為は「身体侵襲」（body intrusions or bodily intrusions）といわれ、これらは捜索の対象とされている。捜索令状による強制採血の合憲性は一九六六年のシュマーバ判決によって確立しており、また被疑者の体内に食い込んでいる弾丸の摘出手術についても、一定の要件の下に「合理的な捜索・押収」であるとして、その合憲性を肯定するのが米下級審判例のすう勢であるといってよい。したがって、体内の尿も捜索差押の対象たりうるとの〝画期的〟な判断を示した本決定がアメリカ法のかような動向から示唆を得たものであることは十分に考えられるところであって、現に本決定に関して「アメリカにおける動向を基本的に踏まえている」あるいはアメリカ法は「参考になる」などの指摘がなされていた。もっとも、弾丸摘出手術を許容するのがアメリカ法のすう勢であるといっても、それはあくまでも「軽微な侵襲」を伴うものに限られ、しかも直接的な強制採尿の事例は判例上見当たらないばかりか、カテーテルによる強制採尿は採血とはその性質を異にする身体に対する「重大な侵襲」であり、一九五二年のローチン判決にいう「良心にショックを与える」捜査方法であるとも考えられるところから、筆者は「むしろアメリカ法から基本的に逸脱したものと解すべきである」と指摘していた。そして仮にアメリカで強制採尿の適否が裁判の場で現実に争われた場合には、ローチン及びシュマーバ判決とのかかわりが問題になることはアメリカ判例法上疑問の余地がないと思われたのである。

このような状況下に合衆国最高裁は一九八五年のウインストン判決において全身麻酔を伴う弾丸摘出手術の適否が争われた事案につき、全員一致で人間の尊厳やプライバシーという法的観点からの考察の重要性を指摘し、シュマーバ判決にいう「重大な侵襲」に当たり第四修正の禁止する「不合理な捜索・押収」であることを明らかにした。本判決については、専ら医学的観点から弾丸摘出手術の適否を判断した従前の下級審判例に新しい歯止めをかけたとの論評が一般的であり、いずれにせよ本判決を機縁として、この問題に関するアメリカ判例法の全体像をいささかなりとも解明しておくことは、わが国における議論を深化させる上で有益と思われる。

そこで以下、このような日米両国における問題状況を踏まえて、弾丸摘出手術をめぐるアメリカ法の動向を整理しつつ、改めてわが国の強制採尿の問題点についてデュー・プロセスの観点から考察を加えることとしたい。

第一節　アメリカ法の動向

アメリカでは、いわゆる「身体侵襲」によって取得される証拠物についても、体内の異物であると体液であるとを問わず、一定の要件の下に連邦憲法第四修正条にいう「合理的な捜索・押収」の対象物とされている。具体的には、異物の収集に関しては、体内に嚥下された証拠物の胃ポンプや吐剤による収集、肛門や膣等に隠匿された物件の捜索のための体腔検査、(1) 消化器管利用の麻薬の運び屋（ballon swallower）に対する長時間の身柄拘束、(2) 弾丸摘出手術等の適否が、また体液の採取に関しては、採血や尿の任意提出を拒否した場合に科せられる間接強制としての運転免許停止処分等のほか、最終的な処置としての直接強制等の適否がそれぞれ問題となる。(3)

ところで、弾丸摘出手術の適否については当初激しい争いがあり、手術それ自体を「不合理」で違憲とする見解も有力であったが、少なくとも生命・身体に危険を及ぼすおそれのない弾丸摘出手術についてはこれを合憲として許容するのが現在のアメリカ法のすう勢といってよい。

そこで以下、ひとまず「身体侵襲」と弾丸摘出手術の関係を概観し、つぎに最も重要なローチン、シュマーバ両判決を紹介した後、弾丸摘出手術をめぐる下級審判例を網羅的に取り上げて整理し、その動向を把握しておくこととしたい。

一　概　要

アメリカでは、胃ポンプを用いて証拠物を吐き出させること自体については判例の態度は必ずしも明確ではないが、しかし膣内部や肛門など体腔に隠匿されている疑いある証拠物については方法の相当性などの要件の下に捜索の対象とすることは一般に容認されており、強制採血についても「合理的な捜索・押収」としてこれを許容することは確立している。もっとも、採血については事柄の性質上、単なる体腔検査とは異なり、皮膚組織内部への注射針の侵襲を不可欠とすることから、デュー・プロセス条項とのかかわり、あるいは「合理的」といえるかが問題となったが、連邦最高裁は一九五七年のブラウトハウプト判決（後出）で血液検査の日常性を強調してローチン違反の主張を退け、そして一九六六年のシュマーバ判決でこれを受けて、身体の完全性に関する個人の利益と飲酒運転抑止の社会的必要性とを比較衡量した上で、採血は身体への「軽微な侵襲」にすぎず「合理的な捜索・押収」であると判示して以降、その合憲性が確立するのである。

ところで、被疑者の体内にある弾丸を摘出するためには、単なる注射器の使用とは異なり外科手術用のメスの使用が不可欠となるが、「人の体内の証拠物除去」につき検討した連邦最高裁判例はローチン、ブラウトハウプト、シュマーバの三判決のみで、またブラウトハウプト判決以前には証拠物獲得のため人の「皮膚に孔をあけ身体に侵襲することが許されるか」につき判示した判例はない。したがって、弾丸摘出手術の合憲性いかんに直面した「裁判所はすべて、ローチン及び（又は）シュマーバに依拠してそれぞれの判断を下している」のである。もっとも、シュマーバ判決は、採血のような日常的で人の身体に損傷を与えるとはいえない「軽微な侵襲」を合憲としたにとどまり「より重大な侵襲」は許容できないことを明らかにしている。軽微か重大かの判断は時として微妙ではあるが、メスによる弾丸摘出手術は血液検査のように日常的とはいえず、また身体に損傷を与える点で注射器による採血の比ではない。したがって、この点をめぐり激しい争いがあったが、コロンビア地区連邦控訴裁判所が一九六六年のクラウダー判決（後出）で、「連邦最高裁がシュマーバ判決で確立した手続的要件を拡大」しつつ、右上腕部の弾丸摘出手術についてシュマーバにいう「軽微な侵襲」に当たるとしてその合憲性を肯定して以降、他の法域の裁判所もこれに従い、一定の要件の下に弾丸摘出手術を許容する。

いずれにせよ、弾丸摘出手術をめぐるアメリカ法の動向を把握するには、ローチン及びシュマーバの両判決を押さえた上で、各法域の判例とりわけクラウダー判決を詳細に検討することが不可欠の前提となるのである。

二　合衆国最高裁判例の検討

合衆国最高裁は、弾丸摘出手術の合憲性に直接言及したことはなかったが、ローチン及びシュマーバの両判決で「証拠収集の目的で実施された身体侵襲による捜索（bodily intrusive searches）の合憲性」の問題を取り扱っており、これが「外科手術による身体侵襲（surgical bodily intrusions）が許されるかの争点に直面した連邦下級裁判所及び州裁判所の指針として利用可能な唯一の最高裁判例」であったため、すべての裁判所は、各事案をローチン判決、シュマーバ判決の事案と対比しつつ、弾丸摘出手術の合憲性を検討してきたのである(9)。

いずれもわが国で周知の合衆国最高裁判例であるが、弾丸摘出手術の適否との関係でとくに重要と思われる判示部分を紹介しておく。なお、一九五七年のブラウトハウプト判決（Breithaupt v. Abram, 352 U.S. 432）は、警察官の依頼に応じた医師が病院の急患室で交通事故で無意識状態にある飲酒運転の疑いある被告人から血液を採取した事案につき、「血液検査の日常性」を強調し、ローチンとは事案を異にするとしてデュー・プロセスに違反しないとしたものである。

(1)　合衆国最高裁ローチン判決（一九五二年）

本判決（Rochin v. California, 342 U.S. 165）は、麻薬売買の情報を得た三人の警察官が無令状でローチン宅に立ち寄り、開いていたドアから中に入ったところ、寝室にいたローチンがベッド横にあったカプセルを呑み込んだので、口に手を入れ吐き出させようとしたが成功しなかったため、手錠をかけて病院に連行し、医師に命じて、手術台に縛りつけられているローチンの胃の中に管を挿入して無理矢理に吐剤を流入させ、モルヒネ在中のカプセルを採取したという事案につき、デュー・プロセスに違反することを明らかにしたものである。

【判　示】　デュー・プロセス条項は、被告人の「有罪判決に至る一連の手続きが英語を話す諸国民の正義の観念を表明している品位と公正の原則に違背しているかどうか」の判断を不可避としている。デュー・プロセスの内容は一義的でなく曖昧ではあるが、以上の一般的考察を本件に適用すると、被告人の有罪獲得に至る本件証拠収集手続きは「良心にショックを与える行為（conduct that shocks the conscience）である。違法に被告人のプライバシーに押し入り、その口をこじ開け、口中にあるものを取り出すために乱闘をしたこと、胃の中にある物を無理矢理に引き出したこと――訴追側官憲による証拠獲得のためのこれら一連の手続きは非情な人の感覚をも傷つけるに違いない。これらはほとんど拷問というに等しい捜査方法であって、憲法上の相違を認めることはできない。」

デュー・プロセスは歴史的かつ生成中の原理であるから「〝正義の感覚〟（a sense of justice）に違背する方法によっては有罪判決を言い渡すことができない」というほかない。「本件事実によると、被告人の有罪判決はデュー・プロセス条項に違反する方法によって得られたものである。原判決は破棄されなければならない。」

(2)　合衆国最高裁シュマーバ判決（一九六六年）

本判決（Schmerber v. California, 384 U.S. 767）は、自動車事故で自らも負傷して病院に運び込まれて治療中に酒酔運転の疑いで逮捕された被告人について、同人が弁護人の助言に従い採血を拒否したにもかかわらず、病院の医師が警察官の指示に従い同人の身体から血液を採取し、その化学分析の鑑定書が運転時のアルコール濃度を示す証拠として法廷に顕出された事案につき、すでにブラウトハウプト判決（前出）で同じ問題を取り扱ったが、その後、第四修正の不合理な捜索・押収の禁止等はデュー・プロセスの内容であり第一四修正を介して州にも適用されるとの判例の変更があり再考の必要性が生じたとした上で、右採血手続きは第四修正等に違反しないことを明らかにしたものである。なお、法廷意見の執筆はブレナン裁判官である。

【判　示】　ブラウトハウプト判決は本件と同種事案であるが、採血時に被告人が無意識で異議を唱える機会がなかったという点において本件と異なる。しかし本件事案は「警察官が暴力を行使した、他の検査を受けたいとの合理的要請を尊重しなかった、あるいは不当な実力で抵抗を排した」というようなものではないから両者に本質的差異はない。ブラウトハウプト判決でも本件と同様、（血液の）化学分析は違法な捜索・押収の産物として排除されるべきであるとの主張がなされていたが（本件ではじめて）証拠として提出された化学分析は違憲な捜索・押収の産物として排除されるべきであるかの問題が正面から提起された。

第四修正の重要な機能は、訴追側の令状によらない侵入に対し身体のプライバシーと尊厳を保護することである。第四修正は〝その身体、住居、書類及び所持品について、不合理な捜索・押収を受けることのない国民の権利〟を明示している。本件のような血液検査は第四修正にいう〝身体〟の捜索・押収に相当することは明らかである。

第四修正の本来の機能は、すべての侵襲それ自体（as such）を禁止するのではなく、それぞれの状況下において正当化されえない侵襲、又は不相当な方法による侵襲を禁止するのである。換言すると、本件で決定しなければならない問題は、警察官が被告人に血液検査を受けるよう求めたことは正当であるかであり、その血液を採取する際に用いられた手続き・方法が第四修正の合理性の基準に適ったものであるかどうかである。

本件では令状によらない逮捕の文脈の中でこれらの問題が生じている（が）、警察官が被告人を逮捕する相当な理由のあったことは明らかである。事故直後に現場に到着した警察官は被告人の息が酒臭く、目が充血していたと証言している。二時間後に同人が病院で再び同じ酒酔いの症状を呈していたので、警察官は被告人に、逮捕すること、弁護人の援助を受ける権利のあること、黙秘できること、供述したことはすべて不利益な証拠となることを告知したのであった。

適法に逮捕された被疑者の身体の捜索は英米法の下では常に認められている。このような検討が一般にいかに有効であるとしても、身体の表面を越えた（身体内部への）侵襲にかかわる捜索に関しては（これをそのまま）適用することはできない。第四修正が保護しようとする人間の尊厳及びプライバシーの利益は、望ましい証拠が得られるかもしれないという単なる可能性だけでそのような侵襲をすることを禁じている。実際にそのような証拠が発見されるであろう明白な徴憑（clear indication）が欠けている場合には、直ちに捜索しない限りそのような証拠は滅失するであろうとしても、このような基本的な人間の利益のために法執行官はその危険を負担しなければならないのである。

本件では逮捕する相当な理由のあったことを確証している事実はまた、アルコール濃度測定のための被告人の血液検査が関連性のあること、そして成功するであろうことを示しているが、逮捕した警察官が自らこのような推論を下すことが許されるのか、あるいは血液検査をはじめる前に令状を得ておくことが必要とされるかという問題が残っている。住居を捜索するためには、通常、捜索令状が必要とされるのであるから、緊急時を除さ、人間の身体への侵襲にかかわる場合に令状が不必要ということはありえない（no less could be required）。有罪の証拠を求めて他人の身体に侵聾すべきかどうかの争点について（中立・公正な裁判官が）慎重に判断することが重要であることには議論の余地がない。

「しかしながら、警察官が本件で、令状入手に必要な時間的遅延のため、本件状況の下では〝証拠の滅失〟のおそれがあるから、（証拠保全の）緊急性があると考えたのは合理的であった。血中アルコール濃度は、飲酒を止めると急速に減少しはじめるといわれる。とくに被疑者を病院に運び、事故現場の捜査に時間を費やした本件のような事案においては、裁判官に会って令状を請求する暇はなかった。このような特別な事実に照らすと、本件でアルコールを含む血液を証拠として収集しようとしたことは被告人の逮捕に伴う相当なものであったという結論になる。」「同様に、被告人の血中アルコール濃度測定のために用いられた本件血液検査は合理的なものであったといえる。採血による検査は、人の酩酊度を判断する上できわめて効果的な方法である。このような検査は、今日の定期的な身体検診においてはありふれたこと（commonplace）で、その経験の教えるところによれば、採血量は微量であって、ほとんどの人にとって実質的には何ら危険を及ぼすものでも損傷や苦痛を与えるものでもない。血液検査は、われわれの毎日の生活において日常化している（has become routine in our everyday life）。」

さいごに、記録の示すところによると、本件採血は合理的な方法で実施されている。被告人の血液は、医学上承認された方式に従って病院で医師によって採取されているのである。

「それ故、われわれは、本件記録の示すところによれば、不合理な捜索・押収を受けない被告人の第四修正及び第一四修正に基づく権利は侵害されていないと結論する。しかし本件記録の示す事実に基づいてこのような判断に至ったにすぎないことを繰り返しておきたい。個人の身体の完全性はわれわれの社会の貴重な価値である。われわれは今日、きわめて限定された状況下での訴追側による個人の身体への軽微な侵襲は憲法の禁ずるところではないと判示したが、このことは決して、より重大な侵襲、又は他の状況下での侵襲を許すことを意味しない。」

このように、シュマーバ判決は、血液検査の日常性を理由にデュー・プロセス違反を退けたブラウトハウプト判決を引き、これを再確認した上で、証拠発見の「明白な徴憑」があり、手段及び方法も合理的で、かつ令状を求める暇がなく証拠保全の緊急性があったことを理由に、本件採血は不合理な捜索・押収ではないとして、その合憲性を肯定したのである。

本判決は無令状による強制採血の事案であるが、ローチン判決とともに身体侵襲の許容性につき判示した唯一の最高裁判例であることから、令状の有無の区別なく一般に、体内に嚥下された異物の収集や肛門や膣等の体腔検査等のほか、とりわけ弾丸摘出手術の許容性を判断する際の重要な指針として、その後の一連の下級審判例により用いられてきたのである。ただ、シュマーバ判決は、採血のような日常的かつ軽微な身体侵襲を許容したにとどまり、より重大な侵襲を是認する趣旨ではないことをとくに強調している。たしかに軽微か重大かの判断には微妙なものがあるが、仮に医学上は簡単なものであるとしても、体内に食い込んでいる弾丸を摘出するためには、少なくとも局部麻酔の下にメスを用いて一定範囲の皮膚を証拠物に達するまで切開することを必要とするのであって、このような弾丸摘出手術は日常的とはいえず、シュマーバ判決の射程距離内のものとしてこれを是認することは難しい。しかし他方、手術の部位いかんによっては、生命等に対する何らの危険なしにきわめて容易に弾丸を摘出しうる場合のあることは否定できず、したがって、その限りにおいて、これを「軽微な侵襲」であるとしてシュマーバにより是認されているものと解することもあながち不可能なことではない。

三　下級審判例

下級審判例は、シュマーバ（及びローチン）判決を指針として、弾丸摘出手術の適否を判断してきたが、とりわけ「軽微な侵襲」と「重大な侵襲」との区別は必ずしも一義的ではないため、その解釈をめぐり激しい見解の対立があったが、一九七六年のクラウダー判決（後出）を境にして、簡単な弾丸摘出外科手術についてはこれを「軽微な侵襲」であるとして許容する判例が大勢を占めるに至るのである。

そこで以下、弾丸摘出手術について判断を示した十有余の法域における一連の判例を順次紹介しておく。判例はほぼすべて、殺人ないし強盗殺人の被疑者の同意なしに裁判所の命令によって、その体内にある弾丸を外科手術によって摘出することの適否ないしは摘出された弾丸の証拠としての許容性が争われた事案である。手術の部位等は当然さまざまであるが、医学上簡単な手術といえるかとの関連で問題とされるにすぎず、要は弾丸摘出手術が「軽微な侵襲」に当たるかどうかが争点であるから、最も重要なクラウダー判決を除き、事実の概要等は省略し、最初に各判決につき簡単なコメントを付した後、この点を中心に判決言い渡し順に紹介することにしたい。

(1) ジョージア州最高裁クリーマ判決（一九七三年）

本判決（Creamer v. State, 192 S. E. 2d 350）は、弾丸摘出手術の適否が争われた最初の州最高裁判例で、被告人の生命等に危険を及ぼさない一五分程度の手術は「軽微な侵襲」に当たるとして原判決を支持したものである。反対意見があるが、州法上の自己負罪拒否特権に違反するとするにとどまる。

【判　示】　本件で残された争点は、本件事実の下で訴追側が被告人（X）の身体から弾丸を摘出することは、Xの権利を侵害するかの問題に帰着する。連邦（合衆国）最高裁シュマーバ判決の下では、弾丸の摘出は合衆国憲法によって保障されたXのいかなる権利をも侵害しないこととなろう。同裁判所はシュマーバ判決において、本件でXによりなされている各主張を広範に取り扱い、化学的分析のために血液を採取しうること、そして第四修正は、相当な理由がある場合に医師による血液の採取を禁ずるものではないと結論した。同判決はその結論部分で、〝われわれは今日、きわめて限定された状況下での訴追側による個人の身体への軽微な侵襲は憲法の禁ずるところではないと判示したが、このことは決して、より重大な侵襲、又は他の状況下での侵襲を許すことを意味しない〟と述べている。

本件での争いのない証拠に基づいて判断すると、被告人（X）の身体からの弾丸摘出はXの身体への軽微な侵襲に相当し、合衆国憲法の下でのXの権利を侵害するものでない。したがって、Xのかかる主張を退けた公判裁判所の判断に誤りはない。

【反対意見】　記録の示すところによると、外科手術によって実施された捜索・押収は被告人（X）の生命又は健康に危険を及ぼすものでない。本件手術は簡単で、局部麻酔で実施できる。そして医師はXへの危険なしに目的物を除去できると証言している。憲法（連邦）第四修正は本件手術を禁止していない。したがって、この点に関して多数意見に同意するが、しかしジョージア州憲法によれば、「いかなる態様によるものであれ、自己負罪のおそれある自己に不利益な証拠の提出を人に強制することはできない」から、Xに弾丸摘出手術を強制することは同憲法に違反するというべきである。

(2)　インディアナ州最高裁アダムズ判決（一九七三年）

本判決（Adams v. State, 299 N. E. 2d 834）は、裁判所の命ずる弾丸摘出手術それ自体、不合理な捜索としてローチン判決及びシュマーバ判決に違反しおよそ許されないとして原判決を破棄差戻したものである。反対意見と対比すると争点が浮き彫りにされて興味深い。

【判　示】　記録によると本件で検討を要する唯一の争点は、被告人（X）の有罪又は無罪を立証する証拠を獲得するために裁判所の命じたXの身体への外科手術は合理的といえるかである。

合衆国最高裁はローチン判決において全員一致で、麻薬所持の証拠を獲得するために被疑者に強制的に胃ポンプを使用することは、それ自体、デュー・プロセス条項に違反して不合理であると結論した。ローチン判決はわれわれの指針となる。「合衆国最高裁は最近のいくつかの判例で、許容しうる捜索・押収の範囲につき判示したが、いずれの事案においても被告人の身体への侵襲はきわめて限定されていることに注意すべきである。なるほどシュマーバ判決は、強制的な血液検査を違憲ではないとした……そして〝われわれは今日、きわめて限定された状況下での訴追側による個人の身体への軽微な侵襲は憲法の禁ずるところではないと判示したが、このことは決して、より重大な侵襲、又は他の状況下での侵襲を許すことを意味してはいない〃と述べることによって、その判示を注意深く限定したのである。」

このように連邦（合衆国）最高裁は今まで、犯罪被疑者の身体ないしその内部へのきわめて限定された侵襲に直面してきたことは明らかである。ところが、本件では、まことに重大な侵襲に直面している。本件では、被告人の体内にある弾丸を摘出するために現に外科手術が実施されたのである。われわれは、このような目的で被告人に強制された外科手術を容認できない。それ故、われわれは、本件で行われたような被疑者の身体への侵襲は第四修正によって禁止されると判示する。そしてわれわれは、公判裁判所が被告人の身体から採取した弾丸を証拠として許容し、本件で実施された処置ないしこのようにして得られた証拠の検査結果に関する医師の証言を認めたのは、原判決の内容に影響を及ぼす誤りであると判示する。以上の理由で、公判裁判所の判決は破棄を免れず、新公判を命ずることとする。

【反対意見】　私見によれば、何らかの意味で当人の不利益となりうる証拠を得るために人の〝身体に侵入すること〃はいかなる場合においても相当でないと考える点で多数意見は誤っている。この問題は、シュマーバ判決で連邦最高裁によって徹底的に検討された。令状を発付した裁判官に提出された宣誓供述書によると、弾丸の破片が実際に被告人の体内にあること、そして簡単な手術によって容易に接近可能な場所で皮膚のごく近いところにあり、それを摘出しても何ら健康上の危険を及ぼすものでないのは明らかである。このような状況下に、弾丸破片を求めてXの身体を捜索することが合理的であることは余りにも明白である。

私は、シュマーバ判決における連邦最高裁の判断に同意し、証拠物を求めるために人の身体に侵入することそれ自体は、憲法に違反するものではないとの判示に同意する。あらゆる捜索の事案における現実の基準は、人間の身体への侵入の事案においてそうであるように、合理性の基準である。弾丸が体内に深く食い込んでいるため、それを摘出すると人の生命又は健康に重大な危険を生ずる状況を想像することはできる。このような場合には、捜索は不合理であるとの理由で令状（発付）は拒絶されるべきである。しかし本件におけるように、そのような危険は存在せず、かつ簡単な手術によって当の物体が容易に入手しうることが令状を発付する裁判官に明白である場合には、捜索は合理的となる。私は、それ故、本件で発付された捜索令状は正しく発付されたのであって、かかる捜索によって得られた証拠は被告人の公判において許容できると考える。

多数意見が依拠するローチン判決は、本件状況下での簡単な外科的処置を禁止しているとは思われない。本件事案は、実力や暴力を含むものでない。むしろシュマーバ判決と対比するのがベターである。侵襲の合理性は各事件の状況に基づいて判断すべきである。むろん、心臓や頭の切開手術を是認しようとするものでないが、局部麻酔の下に被告人に実施される簡単な外科的処置が〝まことに重大な侵襲〟であるとすることには同意できない。

(3) ジョージア州控訴審アリソン判決（一九七三年）

本判決（Allison v. State, 199 S. E. 2d 587）は、捜索令状に基づく表皮下の弾丸摘出手術を不合理な捜索・押収ではないとして原判決を支持したものである。ただ、ジョージア州最高裁クリーマ判決（前出）に拘束されるから止むを得ず合憲としたまでのことであり、本来ならばクリーマ判決における反対意見に従いたい旨付言し、さらに外科用メスの使用は注射針よりもはるかに重大な身体侵襲であるからジョージア州最高裁はシュマーバ判決の解釈を誤ったものと考えられる旨付言したことから、弾丸摘出手術の許容性を不承不承（reluctantly）肯定したものとして、その後の判例の中で繰り返し引用されているものである。

【判　示】　本件での被告人（X）の皮膚下にある弾丸は、Xの生命又は四肢への危険なしに外科手術によって摘出しうる旨の医師による争いのない証拠があった。したがって、最近の(1)クリーマ判決によれば、Xの主張は認められない。本件における憲法を理由とする攻撃は、クリーマ判決におけるそれと同一である。われわれは、ジョージア州最高裁の同判決に拘束されるから、それに従わざるを得ないが、もし拘束されないのであれば、原判決を破棄したい。ジョージア州の憲法上及び法律上の州民に対する保障は、連邦憲法よりもはるかに広範囲にわたるからである。

私はまた、ジョージア州最高裁は前出クリーマ判決において、微量の血液の採取は個人の身体への軽微な侵襲であると判断したシュマーバ判決を誤って解釈したと考える。シュマーバ判決におけるブレナン裁判官の（法廷）意見を読むと、連邦最高裁が同判決をさらに拡大することはきわめて疑わしい。けだし、外科手術用ナイフは、単に血液検査のための注射針の刺入よりもはるかに大きな侵襲であるからである。繰り返していうが、私は、できることなら原判決を破棄したい。しかし、クリーマ判決に拘束されるから、外科手術によって被告人の身体から摘出した弾丸の証拠排除の申立てを退けたことに誤りはなかったことになる。

(4)　アーカンサス州最高裁ボウデン判決（一九七四年）

本判決（Bowden v. State, 510 A. W. 829）は、以上(1)(2)(3)の三判決を引照しつつ、被告人の苦痛や事後の損傷を伴い、生命の危険もありうることを理由に、第四修正の合理性の基準のみならず、デュー・プロセスの基準にも違反するとして、被告人の椎管からの弾丸摘出手術を命じた捜索令状を無効としたものである。

【判　示】　本件では、ローチン判決及びシュマーバ判決の示した第四修正及びデュー・プロセスの制限の枠組の中で被告人が異議を唱えている身体からの弾丸を摘出するための手術の相当性を判断することとなる。今までに二州がこの問題に言及している。インディアナ州は(2)アダムズ判決において、シュマーバ判決及びローチン判決に依拠して、たとえ当該手術が単に局部麻酔を必要とするにすぎないものであるとしても、第四修正及びデュー・プロセスによって禁止されるとしてこれを明確に退けた。ジョージア州は(3)アリソン判決において、医学上の検査の結果、局部麻酔で一五分程度で弾丸の摘出が可能であって、生命や健康に危険を及ぼすものでないことが判明している事案で当該手術を許容した。そしてアリソン判決は生命又は四肢への危険なしに弾丸が摘出できることには証拠上争いがない事案で、不承不承この(1)クリーマ判決に従ったのであった。

二人の医師の証言によると、本件弾丸摘出手術は椎管の神経にかかわるものであるだけに、手術によって被告人の状態がさらに悪化しかねない、そして全身麻酔が必要であるという。両医師は弾丸の摘出を勧めるが、本件外科手術には重大な危険が伴うとの意見も表明している。いずれの医師も、本件手術は医学上、身体への〝重大な侵襲〟であると述べているのである。

シュマーバ判決の要件を本件に適用すると、本件捜索令状の発付はシュマーバ判決で詳論された厳格な合理性の要件を満たしていないと考えられる。本件手術は医学上、被告人の身体への重大な侵襲であって、たとえきわめて注意深く熟練した方法によって適切な病院で実施されたとしても、苦痛、損傷を伴い、生命の危険もありうることには争いがない。強制による自白が証拠として許容できないのは、社会の公正と品位の感覚に反し、アメリカ法に反するからである。というのであれば、それは同様に、被告人の同意なしに、苦痛、損傷そして重大な危険を伴う被告人の身体への重大な侵襲は、第四修正の要求する合理性の基準のみならず、デュー・プロセスの基準にも違反することになる。

(5)　ニューヨーク州中間上訴審スミス判決（一九七四年）

本判決（People v. Smith, 362 N. Y. S. 2d 909）は、以上の四判決を引照しつつ、苦痛や損傷を伴い、生命の危険もありうる本件弾丸摘出手術は、シュマーバ判決が明らかにした軽微な侵襲の範囲を越えているばかりか、デュー・プロセスにも違反するとして、原決定を支持したものである。

【判　示】　医師の証言によると、本件手術に要する時間はおよそ一時間で、七、八日間の入院を要し、医学上は大手術といってよいが、生命等には実質的な危険はない、ただ、全身麻酔に伴う心拍停止による死亡の危険は、ミニマムながらあり、苦痛も伴い、手術後は傷跡が残る、また弾丸を摘出しなくとも被告人の生命、健康に危険を及ぼすことはないという。本件はニューヨーク州では初めての事案であり、解決すべき基本的問題は、被告人の身体からの弾丸の押収が被告人の憲法上の権利に一致して、それに違反しない方法で行われうるかである。

州が実施できる第四修正の合理的な捜索の基準は、シュマーバ判決において詳論されている。連邦最高裁はシュマーバ判決で、負罪的証拠を収集するための身体への侵入の相当性を徹底的に検討して採血は不合理な捜索・押収を禁ずる第四修正の下での被告人の権利を侵害しないとした。しかし、同判決の結論部分において、許容できる身体への侵襲ないしは侵入の範囲に関して〝われわれは今日、きわめて限定された状況下での訴追側による個人の身体への軽微な侵襲は憲法の禁ずるところではないと判示したが、このことは決して、より重大な侵襲、又は他の状況下における侵襲を許すことを意味してはいない〟と述べ、限定的な警告を発しているのである。

連邦最高裁はローチン判決において、麻薬所持の証拠を獲得するために被疑者に胃ポンプを強制的に使用することはそれ自体不合理であって、第一四修正のデュー・プロセス条項に違反すると判示した。フランクファータ裁判官はその（法廷）意見で〝有罪判決に至る一連の手続きが、英語を話す諸国民の正義の観念を表明している品位と公正の原則に違背しているか〟の判断の重要性を強調しつつ本件手続きは〝ほとんど拷問というに等しい〟と述べている。

今までに（ジョージア、インディアナ、アーカンサスの）三州が、弾丸摘出手術の相当性につき判断している。最終的な結論において一致していないが、シュマーバ判決で明らかにされた基準が支配的（controlling）であるということでは一致している。軽微な侵襲あるいは重大な侵襲に相当するものは何かについての各裁判所の解釈が、各判決における決定的要素であった。

本件における医学上の証拠によると、被告人の体内にある弾丸を摘出するには重大な侵襲が必要である。当裁判所の意見によると、本件手術は、損傷、苦痛を伴い、そして生命の危険もありうる被告人の身体への重大な侵襲に相当し、シュマーバ判決で明らかにされた軽微な侵襲の基準を越えている。当裁判所は、本件で示されている範囲での外科手術用メスの使用は公正と品位の感覚に反し、それ故、デュー・プロセス条項及び不合理な捜索・押収を禁ずる第四修正によって禁止されていると認める。

(6) コロンビア地区連邦控訴審クラウダー判決（一九七七年）

本判決（United States v. Crowder, 543 F. 2d 312）は、簡単な手術で危険がないこと等を理由に上腕部の弾丸摘出手術を許容したものであるが、初めての連邦控訴審判決である上、弾丸摘出手術の許容性の要件を詳細に判示しているところから、「シュマーバ判決・クラウダー判決の基準（the Schmerber, Crowder Standard）」として後の判例に大きな影響を与えた極めて重要な判決である。なお、同裁判所は当初、本件手術自体を違憲と判示していたが、後に全裁判官関与（en banc）の判決で逆にその合憲性を肯定したことも、激しい反対意見の存在とともに、あわせて注目されてよい。

【事　実】　一九七〇年一二月一八日午後、歯科医Bが病院内で射殺された。死因となった心臓貫通の一つの弾丸はBの下着の中で、他の一つの弾丸はBの体内から発見された。警察は現場近くの路上で三二口径のピストルを発見した。そのピストルは実弾六発のうち四発が使用済であったが、Bの妻名義のもので病院内に保管されていたものであることが判明した。警察は同月二三日、右殺人の容疑者としてY女を逮捕したところ、同女は被告人クラウダー（X）をまきこむ供述をした。XとY女の二人は強盗目的でB歯科医院に赴き、Xがおもちゃのピストルを Bに突き付けたところ、取っ組み合いが始まったので、Yは逃げたが、その直後にピストルの音がした。後にY女に再会したXは、腕と左足を射たれたが、歯科医を殺してしまったようだと話したというのである。右の情報に基づき、警察がXを逮捕したところ、右手首と左大腿部に包帯がしてあった。そこでXを病院に連行し、X線検査をすると、右腕と左大腿部に弾丸が食い込んでいることが判明した。弾丸は三二口径用のものと思われた。Xは、右傷口を処置することを拒否した。

検察側は、当然、Xの手足に食い込んでいる弾丸はBのピストルから発射されたものであるかを判定することが重要であると考えた。翌年二月一〇日、合衆国検察官は連邦地裁首席裁判官に対し、Xの腕に食い込んでいる弾丸を外科手術によって摘出することを認める命令を求める申請状を提出した。検察官はその際、以上の事実に関する警察官Rの宣誓供述書とともに、Xの左大腿部の弾丸摘出手術は左足機能の低下のおそれがあるから勧められないが、右上腕部の弾丸は表皮下にあるにすぎないから外科手術によってこれを摘出しても、Xにいかなる損傷を与える危険もない旨の医務官G博士の宣誓供述書を提出した。被告人（X）は弁護人とともに同日開かれた聴聞手続きに出席し、令状発付に異議を申し立てた。G博士は証人台に立って、被告人側の質問に答えて、右宣誓供述書の内容と同旨の証言をし、さらに本件手術の危険性は道路を横断する際の危険程度である旨証言した。首席裁判官は、XがBを殺害したと考えられる相当な理由のあることを認めた上で、Xの右上腕部の弾丸摘出手術はXの生命にいかなる危険をも及ぼすものではないと認定した。同裁判官は、右の認定に基づき、かつシュマーバ判決を引用し、さらに詳細な要件を付して、Xの右上腕部にある三二口径のピストルから発射された弾丸と思われる異物の外科手術による摘出を命じた。

一九七一年四月九日、病院で医師により、Xの右腕の弾丸が摘出された。Xは弾丸の証拠排除を申し立てた。公判前の排除手続きで、執刀医の資格や病院の施設等のほか、本件弾丸摘出手術のための皮膚の切開部分の長さはおよそ二・五センチ、所要時間は一〇分、失われた血液は五cc以下であること等が明らかにされた。地裁裁判官は証拠排除の申立てを退けた。専門家証人は公判で、Xの体内にあった弾丸と被害者Bの体内から発見された弾丸はすべてBのピストルから発射されたものである旨証言した。Xは第二級謀殺罪、強盗、危険な武器所持で有罪とされた。

これに対し被告人は、被告人の同意なしに、裁判所の命令に従って被告人の腕から外科手術によって摘出された弾丸を証拠として許容した点等において地方裁判所は誤っていると主張して控訴した。コロンビア地区連邦控訴審は五対四で原判決を支持した。

【判　示】　クラウダー（X）は、本件手術はXの身体への不合理な侵襲であり、それ故、Xの第四修正の権利に違反すると主張する。本件事実及び状況のすべてに照らして検討してみると、かかる主張は認められない。連邦最高裁がシュマーバ判決で指摘したように、〝第四修正の本来の機能は、すべての侵襲それ自体を禁止するのではなく、それぞれの状況下において正当化されえない侵襲、又は不相当な方法による侵襲を禁止するのである。〟この基準を以上に述べた本件事実に適用すると、クラウダーの腕から弾丸を摘出したことは合理的かつ相当であるとの推論は承服せざるを得ないと思われる。

まず第一に、弾丸の摘出をする前に、訴追側は、中立・公正な裁判官である首席裁判官に問題を提起しその判断を求めている。対審的な聴聞が開かれクラウダーは弁護人とともに出席している。首席裁判官の命令は、クラウダーの生命と健康を保持するため注意深く限定して下されており、かくして、クラウダーの大腿部にある弾丸には手を触れずそのままにしておき、クラウダーの前腕部にある弾丸だけを摘出するよう指示しているのである。

本件手術を実施した熟練のかつ経験に富む外科医は、弾丸摘出時には最大限の注意を払った旨証言した。弾丸は（皮膚を）およそ一インチ切開した後で静かに摘出された。五cc以下の血液が失われ手術に要した時間は一〇分であった。医師の意見によると、危険は〝無視してよく〟事実、合併症はなかった。

連邦最高裁がローチン判決で認定し、そして被告人が本件で主張するような〝きわめて野蛮かつ人間の尊厳を著しく傷つけるため〟〝良心にショックを与える〟いかなる行為も、このような本件手続きには認められない。むろん、合理性は程度問題であるから、争われている手術がいかに重大なものであっても裁判所はそれを許容できるというのではない。合理性の限界は、腕にある弾丸と大腿部にある弾丸との間に一線を画した首席裁判官の命令によく示されている。大腿部にある弾丸の摘出は、クラウダーの後遺症となりうるから禁止された。いずれにせよ、われわれは本件で、証拠収集のための外科手術を一般に許容することを求められているのではない。「われわれは本件で従うべき手続きにのみ関心がある。」われわれがかかる結論に達した要素を繰り返しまとめておくと、次のようになる。すなわち、①当該証拠は関連性があり、他の方法では入手できなかった。そして手術によって発見されると考えられる相当な理由があった。②手術は簡単で熟練した外科医によって行われ、そして合併症防止のあらゆる注意が払われたため、後遺症の危険はほとんどなかった。③手術が行われる前に、地方裁判所は対審による聴聞（adversary hearing）を開き、被告人は弁護人とともにこれに出席した。④その後に、そして手術が行われる前に、被告人に上級審による再審査を受ける機会が与えられていた。

もし被告人の主張が正しいとすると、注射針による一刺し（a needle prick）以外の人間の身体への侵襲を裁判所は一切許可できないことになる。このようなことが法である、あるいは法であるべきであるということには同意できない。

【レベンタール裁判官の反対意見】　私は、ロビンソン裁判官の反対意見の第二部（以下の前半部分）に同調する。不合理な捜索に関しては、どのような場合であれ外科的処置は簡単なものも含め一切、第四修正によって禁止されているといい切ることはできない。ただ、本件では手術の必要性の立証が不十分であるから反対する。

【ロビンソン裁判官の反対意見】（二裁判官同調）　本件では、訴追側は物理的強制力（physical force）を用いず、クラウダーに対審的聴聞の機会を提供していること等からすると、本件手術が〝良心にショックを与える〟行為であるとはいえまい。しかし、本件におけるもう一つの――明らかに決定的な――問題は、同意がないのに外科的な切開によって弾丸を提出することは第四修正の下で認容できる侵襲の範囲を越えた人の身体の捜索であるかである。

連邦最高裁はシュマーバ判決で、血液サンプル採取のための注射針の刺入のようなきわめて軽微で頻繁に行われている身体への侵入は不合理な捜索ではない旨の判示の裏付けとなる基準を詳論した。血液検査は〝日常化〟しているというのである。シュマーバ判決の基準によると、本件で行われた外科手術は支持できないであろう。メスを用いて長さ一インチ、深さ四分の一インチまで皮膚を腕の皮下脂肪に達するまで切開することは〝日常的にありふれたこと〟ではない。血液検査その他若干のきわめて簡単な医学的処置で多くのアメリカ人が定期的にかつ躊躇しないで受けているものとは異なり、外科的切開には手術前の麻酔、手術後の痛み止めや縫合が必要で、そして傷跡が残る。それらには（採血と比べて）はるかに多くの肉体的・精神的不快感と不安が伴う。

さらに個人のプライバシーと犯罪の証拠の社会的必要性とを比較衡量すると、血液検査によるアルコール濃度の測定は、おそらく膨大な数の酩酊運転の容疑者について事実の有無を確かめる最も効果的な方法であり、それ自体……飲酒運転の抑止力もあろう。ところが、外科的手術による犯罪の証拠の収集は比較的稀であるから抑止のための必要性も疑わしい。本件においてもクラウダーの腕から摘出した弾丸は、一般に飲酒運転者を有罪としうる血液検査ほど決定的なものでない。弾丸の証拠法上の意義は単にクラウダーが犯罪現場にいたこと――これは争われていない――を立証するのに役立つにすぎない。

さらに、より根本的には、効果的な法執行における社会的利益と身体の完全性における個人の利益とを比較衡量すると、外科手術の事案においては全く異なる次元が前提となる。人の身体は、証拠の保管場所としての車や衣服、家屋などと同一視できない。同様に、外科手術による身体への侵入は、その他の警察の捜索と同じようなものとして取り扱うことはできない。外科手術による身体への侵入は、注射針の一刺しにたとえることのできないことは議論の余地がない。シュマーバ判決は注意深く〝われわれは今日、きわめて限定された状況下での訴追側による個人の身体への軽微な侵襲は憲法の禁ずるところではないと判示したが、このことは決して、より重大な侵襲、又は他の状況下における侵襲を許すことを意味してはいない〟と述べているのである。

私は、シュマーバ判決で許容されたような至る所で行われている注射針の一刺しよりはるかに重大なこの新しい身体探索（bodily exploration）を是認する当裁判所の行動を平然と眺めることはできない。同判決をいわゆる〝簡単な外科手術〟のあらゆる事案に拡大することによって、当裁判所（の多数意見）は、一見その誤った定義の範囲内にあると思われる証拠であれば、いかなるものであれ、その証拠漁り（evidentiary expedition）を裁判所が是認する道を切り開いたことになる。かくして、当裁判所が設定した先例には、重大な危険が不可避的に伴うように思われるのである。

シュマーバ判決の一線を越えた、身体への侵入を是認することには固有の危険がある。血液採取時の注射針の一刺しを越えた侵襲には、単なる程度の差異以上の本質的な相違がある、それはまた身体捜索への新しい警察活動を惹起することにもなりかねない。シュマーバ判決のような医学的処置とクラウダー判決のようなそれとの間には明確な一線があったが、クラウダーに対する外科手術が当裁判所の宣明する曖昧な基準によって是認された今となっては、身体の完全性へのさらなる侵蝕をくい止める明確な障壁はないことになる。

検察側による市民の身体への侵入は、個人と国家とを結びつける関係のまさにその基礎に挑戦している。それが今日まで憲法上許容されてきたのは、日常的かつ比較的無害で、安全については争いのない侵襲だけに限られていた。本日の判決が実際にどこまで波及するのかは誰にも明確に予測しえない。〝争われている手術がいかに重大なものであっても裁判所はそれを許容できる〟と宣言するものではない旨明言しているものの、裁判所の認めた〝簡単〟と考えられる外科手術はすべて是認することを明らかにしている。〝重大〟と〝軽微〟とを区別するために必要な基準を提供していない。私にはもはや歯止めのきかない坂道を下りはじめたように思われるのである。

(7)　ミズーリ州最高裁オヴァストリート判決（一九七七年）

本判決（State v. Overstreet, 551 S. W. 2d 621）は、弾丸摘出手術それ自体は第四修正の禁ずるものではないが、事前の対審的司法手続きが不可欠であることはシュマーバ、クラウダー両判決の判示するところであり、本件ではこの要件に欠けているとして原判決を破棄差戻したものである。〝シュマーバ・クラウダーの基準〟を適用した最初の州判例であるが、前提の弾丸摘出手術を合憲とする点については三裁判官の補足意見が同意できないことを明らかにしている。

【判　示】　裁判官の命令に従って局部麻酔の下に弾丸摘出手術が実施されたが、被告人は公判で体内から採取された弾丸を証拠として提出することに異議を申し立てた。この主張が正しいか、そして弾丸を証拠として許容したことが被告人に新公判を求める権利を与えることになるかが検討すべき第一の争点である。「この問題に関する連邦最高裁の最も重要な判決はシュマーバ判決である。」シュマーバ判決以降、裁判所は若干の判例で、犯罪の証拠を収集するための被告人の身体への侵襲は合衆国憲法第四修正によって禁止されているか、そしていつ禁止されることになるかについて検討してきた。

インディアナ州最高裁は⑵アダムズ判決において、弾丸を証拠として許容したことは原判決の内容に影響を及ぼす誤りであると判示した。そのように判示することによって、同裁判所は、このような外科的処置はそれ自体(per se)第四修正に違反するとの法則を採用したのである。今までのところ、これが絶対的な禁止法則(a per se rule)を採用した唯一の判例である。

被告人は、アダムズ判決に従って絶対的な禁止法則を採用するよう求めている。われわれは、そのようにすることを拒否する。われわれの見解によると、第四修正はそのようなことを要求していないからである。シュマーバ判決は、すでに指摘したように、憲法は〝すべての侵襲それ自体を禁止するのではなく、それぞれの状況下において正当化されえない侵襲、又は不相当な方法による侵襲〟だけを禁じていると述べて、この(われわれの)見解を承認しているのである。

コロンビア地区巡回区連邦控訴審は⑹クラウダー判決において、原地方裁判所が被告人の腕の弾丸摘出手術を命じ、そしてその後に歯科医殺害の被告人の公判でその弾丸を証拠として許容しても被告人の第四修正の権利は侵害されていないと判示した。われわれは、この判決の方をより注目する。けだし同判決は、弾丸摘出手術が是認されるべきかを判断する際に適用すべき基準を明確かつ正確に述べているからである。

本件で行われたことは、シュマーバ判決で規定されクラウダー判決で拡大適用された要件を満たしているか。われわれは、満たしていないと結論する。まず第一に、裁判所による対審的聴聞(judicial adversary hearing)手続きが開かれていない。さらに、⑹クラウダー判決や⑴クリーマ判決におけるように、上訴審による再審査の機会も与えられるべきであったのに、与えられていないからである。⑹クラウダー判決で適用されたシュマーバの要件を満たしていない第二の理由は、提出された医学上の証拠に基づいて、本件手術は被告人に害を及ぼす危険なしに実施しうる軽微な侵襲である旨の裁判所による認定がなされていないからである。原判決は破棄を免れない。

【パージェット裁判官の補足意見】（シーラ裁判官同調）　私は、被告人の身体からの弾丸摘出の争点に関する部分を除き、多数意見（principal opinion）に同意する。私は、シュマーバ判決が本件手術を是認していると考えない。シュマーバ判決は、単なる採血にかかわる事案である、血液検査は極めて日常的でありふれたことであるから、われわれの共通の経験から判断して、それには事実上、危険、損傷、苦痛がないと認めたものであることは法廷意見から明らかである。しかし人の臀部を三インチ切開することは日常的である、あるいは（われわれの）共通の経験から判断して、そのような創傷は事実上、危険、損傷、苦痛を伴わないとはいえまい。

シュマーバ判決以降の一連の下級審判例は、被告人の生命又は健康への予想しうる危険（の有無）を弾丸摘出手術の合憲性を判断する基準として用いてきた。もし危険がほとんどなければ（minimal）、外科手術による捜索は合理的と判示されている。連邦最高裁はシュマーバ判決で、血液検査は事実上被告人の生命又は健康に危険を及ぼさないという理由だけで、それを許容したものとは思われない。たしかに同裁判所は危険を一つの要素と考えているが、この要素だけを根拠にして第四修正の及ぶ範囲を判断したのではない。同裁判所は、血液検査は極めて日常的で極めて広範にわれわれの社会に受け入れられているから、血液検査を実施しても人の身体の完全性（integrity）や感情を傷つけるものとは考えられないとして不合理的ではないと判断したものであることは余りにも明白である。私見によれば、外科手術についても同一であるとはいえない。

シュマーバ判決の中には、不任意の外科手術を黙示的に是認していると考えられるものは何もない。それどころか同裁判所は、次のように述べて明確にシュマーバ判決の適用を限定しているのである。すなわち〝個人の身体の完全性はわれわれの社会の貴重な価値である。われわれは本日、極めて限定された状況下での訴追側による個人の身体への軽微な侵襲は憲法の禁ずるところではないと判示したが、このことは決して、より重大な侵襲、又は他の状況下での侵襲を許すことを意味してはいない〟と述べているのである。

人の身体の完全性こそ第四修正によって保護されている貴重な価値である。私は、たとえ少なくとも予想しうる限りにおいて、外科手術には人の生命又は健康を害するおそれがないとしても、この価値は憲法上保護されていると考える。外科手術は少量の血液を採取するために用いられる皮下への注射針よりも人の身体への〝より重大な侵襲〟である。シュマーバ判決の限定的な文言を外科手術を是認したものと解釈するのは不可能である。私は、(2)アダムズ判決に従い、不任意の外科手術それ自体、第四修正違反すると考える。

【ドネリー裁判官の補足意見】　私は、被告人からの弾丸摘出の争点に関する部分を除き、多数意見に同意する。弾丸摘出は第四修正及び第一四修正の争点を提起する。私は、被告人が命じられた外科手術はこれら修正条項の禁止規定に違反すると考える。本件で提起された争点を解決するには、ローチン、ブライトハウプト、シュマーバの三判決が指針となる。

多数意見は、主として(6)クラウダー判決に依拠している。多数意見はその際、連邦最高裁がローチン、ブライトハウプト、シュマーバの各判決で関心を示したデュー・プロセス及び第四修正の問題に言及していない。ある秀れた判例評釈は次のように述べている。すなわち、〝クラウダー判決の多数意見は、侵襲自体の合理性というよりもむしろそれを是認する手続きの合理性に焦点をあてた。……まず第一に、クラウダー判決の多数意見は後遺症の危険がきわめて少ないものを合理的な手術と定義した。……手術によって関連性ありかつ必要性ある証拠が発見されると裁判所が考える相当な理由のあるときに限り、手術を実施しうるとした。同裁判所は、手術が始まる前の対審的聴聞及び十分な上級審による再審査の利用の可能性を強調した。しかし、このような分析枠組は、他の分野における第四修正に関する判例法に黙示的ないくつかの要素を看過している。まず、クラウダー判決の分析においては、身体の神聖性は全く考慮されていない（bodily sanctity counts for nothing）。身体の神聖性を考慮して初めて、第四修正の正確な分析が可能となる。後遺症の危険のみを合理性の指標として把える分析では、医学上望ましいとされるほとんどの外科手術が是認されることになる。クラウダー判決の手続的分析よりも比較衡量的分析（balancing test）の方が、外科手術の各事案で問題となる諸利益をはるかに正確に反映することになる。

多数意見は、クラウダー判決と同じく、〝侵襲それ自体の合理性よりもむしろそれを是認する手続きの合理性に焦点をあてている〟。私見によると本件外科手術は被告人の身体への不合理な侵襲であると認定せざるを得ないのである。

(8)　ニューヨーク州中間上訴審ブルーム判決（一九七八年）

本判決（Bloom v. Stankey, 409 N.Y.S. 2d 773）は、左大腿部の弾丸摘出手術につき、訴追側の主張には重大な侵襲ではないとの立証に欠けていることだけを指摘してこれを禁止したものである。

【判　示】　われわれの意見によると、訴追側は、本件弾丸の摘出は重大な侵襲ではないことを立証するのに不十分な証拠しか提出していない。

(9)　ミズーリ州控訴審リチャズ判決（一九七九年）

本判決（State v. Richards, 585 S. W. 2d 505）は、(7)オヴァストリート判決に従い、本件弾丸摘出手術は違憲ではないとして、原判決を支持したものである。

【判　示】　被告人（X）は、裁判所の命令に従って右臀部から摘出した弾丸を証拠として許容したことによって憲法上の権利が侵害されたと主張する。Xは主に、オヴァストリート判決の原判決及びクラウダー判決に依拠している。オヴァストリート判決は、弾丸摘出時にはまだ判断が下されていなかったが、証拠捜索のための外科手術が合理的であるか否かを判断するための四要件を指摘している。すなわち、①対審的聴聞の機会、②上訴審による再審査の機会、③証拠の関連性、④被告人に有害ないし損傷の危険のない軽微な侵襲であることである。

本件ではオヴァストリート判決が要求しているように、被告人Xには弾丸摘出以前に十分な対審的聴聞の機会が与えられていた。裁判所は、関連性ある証拠――弾丸――を獲得するために手術が必要であると認定した。生命に危険はなかった。弾丸を摘出することは最もよく被告人の利益に適っていたであろう。したがって、被告人は何ら憲法上の権利を侵害されていないことになる。

⑽　ルイジアナ州最高裁マーチン判決（一九八一年）

本判決（State v. Martin, 404 S. 2d 960）は、以上の諸判例を引用しつつ、本件弾丸摘出手術は合理的であるとして、原判決を破棄差戻したものである。


【判　示】　公判裁判所が正しく指摘しているように、（先例がないので）当裁判所は、証拠発見のための外科的処置を受けることを被疑者に強制することは許されるか、そしていかなる状況下において許されるのかを検討しなければならない。他の若干の州及び連邦裁判所の判例は、この問題を検討するのに役立つ。

身体侵襲による捜索の問題に関する最も重要なのは、連邦最高裁シュマーバ判決である。シュマーバ判決以降、若干の州裁判所は、身体侵襲による捜索は第四修正によって禁止されているか、そしていつ（どのような場合に）禁止されるのかを検討してきた。多くの裁判所は、捜索の適法性は各状況下での合理性判断によるとの個別的解決の方法（case-by-case approach）を採用した。巡回区連邦控訴審はクラウダー判決で以下の四要件（略）を検討したと指摘した。

われわれは、訴追側提案の本件手続きは合理的であって、被告人にその権利及び健康を保障していると認める。われわれの意見によると、検察官はこの種捜索の必要性を立証するための合理的かつ推賞するに足る努力を払っている。公判裁判所の決定は誤っているのである。

⑾　コロンビア地区控訴審ヒューズ判決（一九八一年）

本判決（Hughes v. United States, 429 A. 2d 1339）は、きわめて簡単な手術で生命への危険は皆無であるから弾丸摘出命令には憲法上の障害はないとして、原命令を支持したものであるが、クラウダー判決におけるロビンソン裁判官の反対意見及びアダムズ判決を引用する反対意見が付されている。

【判　示】　争いのない証拠及び公判裁判所の認定したところによると、本件目的物は脂肪組織内にあり簡単な外科的手術によって摘出可能であり、そのような外科的処置に内在する危険は皆無である。公判裁判所は、本件侵襲はきわめて軽微であり、この種の手術を妨げる憲法等の障害は全くないと認め、捜索令状発付の申請を容れた。本件の状況をすべて考慮して検討すると、公判裁判所の命令には法律上の支障はないと認められる。被告人の皮膚下にあると推定できる弾丸の摘出は事実上危険を伴わない簡単な外科的処置であることは、証拠によって裏付けられているばかりか、それと反対の証拠は被告人によって提出されていない。

【反対意見】　私の多数意見に対する不同意は、確たる確信に基づいている。すなわち、私見によれば、同意していない被疑者の身体から、証拠に利用する目的で、何らかの物体を探りあててこれを採取すること（exploration and extraction）それ自体、第四修正の下での不合理な捜索・押収である。

⑿　南カロライナ州最高裁アレン判決（一九八二年）

本判決（State v. Allen, 291 S. E. 2d 459）は、被告人（X）の弾丸摘出は危険な外科的手術を必要とするからシュマーバ判決の判示を越えており相当といえないが、Xの弾丸は簡単な手術で摘出できるから〝軽微な侵襲〟として許されるとしたものである。

【判　示】　以上の各州判例は（われわれを）拘束する先例としての価値はないが、事実に基づいた判断という共通の糸（the common thread of factual determination）は十分に合理的であり、憲法上の諸権利及びデュー・プロセスを保護しているものと認められる。

被告人（X）から弾丸を摘出するには、Xの身体への実質的な侵襲を伴い、かつXの健康又は生命への危険を伴う危険な外科的処置が必要と認められる。このような状況下にXに外科手術を命ずる公判裁判所の命令は、〝軽微な侵襲〟だけを許容するシュマーバ判決の限定的な判示を越えて、Xの第四修正の権利を侵害することとなろう。しかし、裁判所の命令によるXの弾丸摘出手術は、まさにシュマーバ判決及びその後の他の法域の弾丸摘出の事例の範囲内にあると結論せざるを得ない。争いのない医学上の証拠によると、Xの皮膚の表面下にとどまっている弾丸は、生命の危険や損傷のおそれなしに、簡単な手術で局部麻酔で摘出できる。Xに対する手術は、シュマーバ判決の下で是認される〝軽微な侵襲〟であって、本件状況下に正当と認められる。

⒀　フロリダ州控訴審ドウ判決（一九八二年）

本判決（Doe v. State, 409 So. 2d 25）は、関連性ある証拠入手の〝明白な徴憑〟の立証が不十分であるとして（理由は不明であるが、被告人の体内にある弾丸は摘出されず数年間そのまま放置されていた）一旦第四修正違反を理由に原決定を取り消したが、後に再審理の結果、弾丸自体に証拠価値があり関連性があるとの訴追側の新しい主張を容れて原決定を支持したものである。なお、再審理を認めた点については反対意見がある。

【判　示】　他法域の裁判所は、シュマーバ判決以降、第四修正の捜索・押収の文脈の中で、被告人の身体への外科手術による侵襲を検討してきた。以上引用の諸判例の中で、必要な性質を備えた証拠が入手されるであろう

〝明白な徴憑〟がなくとも外科手術は許されるとしたものはない。専門家の証言によると、本件では四年間以上にわたる体液の化学的効果によって弾丸の線条痕が変化している可能性があるため、被告人の足に食い込んでいる弾丸に証拠価値があるとしても、それは単に推測にとどまるという。このような状況下においては、弾丸に証拠価値があるとの単なる可能性（chance）が立証されたにすぎず、シュマーバ判決によって要求されている明白な徴憑に欠けているから、被告人の身体への強制的な外科手術による侵襲は、第四修正の禁止する不合理な捜索・押収に当たる。

（右の）当初の意見は、被告人の体内に入りこんでからおよそ五年を経過した後の弾丸の線条痕の証拠価値は疑わしいとの考えに基づいたものである。訴追側は再審理を申し立てて、線条痕は別にしても、弾丸それ自体が訴追に関連性あることを説得的に指摘している。弾丸の物理的検査が（凶器の）三二口径ピストルに関する積極的な裏付けとなるというのである。

本件におけるように、摘出が求められている物体に関連性があり、それを摘出するのに必要な外科的処置は被告人の身体への単なる軽微な侵襲にすぎず、被告人に損傷を及ぼす危険は無視してよい程度のものである場合には、かかる侵襲はプライバシーの権利を侵害したことにはならず、身体への不合理な侵襲禁止に触れることもない。証拠によると、摘出を求められている弾丸は皮膚の表面下およそ二分の一インチのところにあり、局部麻酔の使用で足りる簡単な外科手術で摘出することができる。手術に伴う苦痛はごく僅かで、被告人に後遺症を残すような手術でない。弾丸それ自体に証拠価値があり関連性があるとの訴追側の主張に照らして、われわれは（先の）見解を再検討したのである。再審理の申立てを認め、弾丸摘出手術を是認した原命令を支持することとする。

⒁　ニュージャージ州控訴審ローソン判決（一九八二年）

本判決（State v. Lawson, 453 A. 2d 556）は、簡単な手術であるからローチン判決にもシュマーバ判決にも違反しないとして原命令を支持したものであるが、被告人が協力しない場合には全身麻酔が必要となるがその場合にも危険はない旨指摘している点が目新しい。

【判　示】　医師Aの証言によると、弾丸は皮膚の表面下四分の三インチのところにある、患者が協力すれば局部麻酔で足りる。もし協力しなければ全身麻酔が必要となる。弾丸をいま直ちに摘出すべき医学上の理由はないが（放置しておくと）将来、厄介なことにもなりかねない。手術は四肢に機能的な障害を与えるものでなく、それ自体危険なものでない。医学的な観点からすると、せいぜい三〇分を要するにすぎない比較的簡単な手術である。医師Bも（同旨であるが）手術は局部麻酔で実施するが、患者の協力が得られない場合には、全身麻酔が必要となる、しかし全身麻酔の下で手術したとしても、被告人に及ぼす危険は、通りを歩行中に車にはねられる危険とほぼ同じであり、ほとんど無視してよい程度のものである旨証言している。全身麻酔による場合と局部麻酔による場合とで、被告人に及ぼす危険の程度には本質的な差異はない旨証言している。

本件で提案されている外科手術は比較的簡単で、全身麻酔が必要とされるのは被告人が協力しない場合に限られる。公訴犯罪事実は重大で、当該証拠には高度の関連性がある。

裁判所は全米を通じて一般に、弾丸が皮膚の表面近くに止まっており、手術が簡単で危険はほとんどなく、局部麻酔で足り、後遺症（residual disability）がないであろう場合には、重大犯罪の訴追において刑事被疑者の身体からの弾丸摘出手術を認めてきた。重大なもしくは危険な手術が必要とされる場合には、外科手術は認められていない。本件で裁判官の下した命令は、簡単な外科的処置である本件状況下において、被告人の権利を十分に保護しているのである。

⒂　メリーランド州最高裁ヒューズ判決（一九八三年）

本判決（Hughes v. State, 466 A. 2d 533）は、被告人の主張を退けた裁判所の命令（前出⑾の事案）によって弾丸を摘出したところ、被告人はさらにその入手方法が相当でないとして証拠排除を求めたという事案につき、クラウダー判決を採用して、クラウダーの四要件は十分に満たされているから、本件手術は相当であるとしたものである。

【判　示】　連邦最高裁はシュマーバ判決で、身体侵襲の範囲及び性質について本質的な検討を加えた。侵襲の合理性いかんは、個人のプライバシーと尊厳への介入の程度・方法にかかっている。ローチン判決において存在した状況と異なり、本件事実には〝きわめて野蛮的でかつ人間の尊厳を著しく損ない〟〝良心にショックを与える〟ようなものは認められない。合理性は程度問題であるから、われわれの判決は証拠獲得のための外科手術を一般に是認したものと解されるべきでないが、他の法域の判例法を精査してみて、われわれはクラウダー判決が明らかにした四要件を採用することにした。

われわれの見解によると、（クラウダー判決の）四要件の基準は十分に満たされており、裁判所の命令に従った本件弾丸摘出手術は相当であって、被告人の第四修正、第一四修正の権利を侵害していない。

さて、これから明らかなように、各裁判所はローチン、シュマーバ両判決を参考にしつつ、弾丸摘出手術の許容性を判断してきたことに疑問の余地がない。ただ、生命、身体への危険が皆無と考えられる弾丸摘出手術もありうるであろうが、日常性という観点からはもとより、メスによる弾丸摘出と注射針による採血との間には一般に質的相違のあることは否定できない。したがって、この点をめぐり激しい争いがあったが、とりわけクラウダー判決が「シュマーバを拡大適用して」右上腕部の弾丸摘出手術を合理的な捜索としてその合憲性を肯定したことから、生命、身体に危険を及ぼすおそれのない医学上簡単な手術はシュマーバにいう「軽微な侵襲」に当たるとしてこれを許容するのが判例の一般的傾向として定着し始める。なお、以上の諸判例はすべて、訴追側の要請による被疑者・被告人の弾丸摘出手術の適否が争われた事案であるが、被害者の体内にある弾丸についても、これを強制的に摘出しうるかが問題となりうる。この点、ジョージア州中間上訴裁判所は一九七七年のヘイニイ判決では六対三で、被告人の無罪を証明する唯一の方法であるとの被告人側の主張を容れて、被告人は憲法上、被害者に弾丸摘出手術を強制する権利があるとしたが、これに対し、ジョージア州最高裁判所は上告受理の申立てを容れて、全員一致で反対意見を採用し「犯罪の被害者は憲法上、自己の意思に反して弾丸摘出手術を強制されることはない」として、右判決を破棄したことが注目される。[10]

このような状況下に、第四巡回区連邦控訴審は一九八三年、全身麻酔を要する弾丸摘出手術の適否が争われた事案につきローチン判決及びシュマーバ判決に違反するとの判断を示した、そして連邦最高裁は、一九八五年シュマーバの禁じた「重大な侵襲」に当たるとしてこの違憲判断を支持するのである。

（1）　刑務所内で犯罪の嫌疑の有無にかかわらず実施されている体腔検査は合衆国憲法第四修正に違反しない。Bell v. Wolfisch, 441 U.S. 520. *Cf.* Note *Constitutional Limitations on Body Searches in Prison*, 82 Columbia L. Rev. 1033 (1982).

（2）　国境での身体拘束は単に合理的な疑いで足り、消化器官利用の麻薬密輸入容疑者の長時間（二七時間）にわたる自然排泄時までの身柄拘束は第四修正に違反しない。United States v. Montoya De Hernandes, 105 S.Ct. 3304 (1985). 本件につき、上野芳久・判例タイムズ六二七号七二頁以下（一九八七年）参照。Cf. United States v. Mosquera-Ramirez, 729 F. 2d 1352 (8th Cir. 1984).

（3）　小早川義則「強制採尿の適否とアメリカ法の動向」現代における法と行政（矢野勝久還暦祝賀）五六一頁以下（一九八二年）参照。

（4） Comment, *Criminal Law—Lee v. Winston : Court—Ordered Surgery and the Fourth Amendment—A New Approach of Reasonableness ?* 60 Notre Dame L. Rev. 149, at 149 (1984).
（5） Note, *Surgery and the Search for Evidence : United States v. Crowder*, 37 U. Pittsburgh L. Rev. 429, at 434 (1975).
（6） Leonard Bluce Mandell & L. Anita Richardson, *Surgical Removing a Scar on the Forth Amendment*, 75 J. Crim. L. & Criminology 525, at 531-532 (1984).
（7） Id. at 532 n. 34.
（8） Cf. *supra* note 4, at 156.
（9） *Supra* note 6, at 530-532.
（10） Haynie v. State, 234 S. E. 2d 406 (1977). State v. Haynie, 242 S. E. 2d 713 (1978). Cf. People v. Browing. App. 166 Cal. Rptr. 239 (1980).

第二節　合衆国最高裁ウインストン判決

連邦最高裁は一九八五年のウインストン判決（Winston v. Lee, 470 U.S. 753, 105 S. Ct. 1611）において、全身麻酔を必要とするがその危険性については医師間に争いのあった弾丸摘出手術につき、プライバシーや身体の完全性に関する個人の利益と公正かつ正確に被告人の有罪・無罪を決定する社会の利益とを比較衡量した上で、シュマーバ判決にいう「重大な侵襲」に当たり合衆国憲法第四修正に違反するとして、州段階で是認された弾丸摘出手術を禁止した連邦控訴裁判所の違憲判断を支持した。シュマーバ判決が「軽微な侵襲」であるとして強制採血の合憲性を肯定して以降、弾丸摘出手術についても「軽微な侵襲」か「重大な侵襲」かをめぐり激しい争いがあっただけに、本判決がシュマーバ判決と同様に個人の利益と社会の必要性とを比較衡量するいわゆるバランシング・テストを採用しつつ、本件弾丸摘出手術を「重大な侵襲」に当たるとした意義は大きいといわねばなるまい。

　そこで以下、事実の概要及び判示を紹介した後、本判決の意義と問題点について少し考えてみたい。

一　事　実

(1)　一九八二年七月一四日午前一時頃、被害者Aが店を閉めてドアに鍵をかけようとしていたところ、銃を持った何者かが通りを横切って近づいてくるのに気づいた。Aも武器を持っていたので銃を抜くと、相手は動くなと言った。そこでAが相手に発砲したところ、相手も撃ち返した。Aは足を撃たれたが、相手も左胸部に負傷した模様で逃走した。警察官が間もなく現場に到着し、Aは救急車で病院の急患室に搬送された。約二〇分後に電話連絡をうけて急行した警察官は、先の現場から八ブロックほど離れたところにいる被告人（X）を発見した。Xは左胸部に負傷しており、二人組の強盗に撃たれたと話した。救急車がXを病院に搬送した。Aはまだ同病院の急患室にいたが、Xが同じ急患室に入ってくるのを見ると、「この男だ、私を撃ったのは」と叫んだ。調査の結果、強盗の被害者である旨のXの話は作りごとと判断され、Xは強盗未遂等で起訴された。
　検察側はその後間もなく州裁判所に、Xの左鎖骨下にある弾丸と思われる物体の摘出手術をXに命ずるよう申し立てた。裁判所は、この申立てに関して何度か証拠決定の審問手続き（evidentiary hearings）を実施した。第一回目の審問手続きで訴追側の専門家証人は、手術に要する時間は四五分、一時的神経障害の可能性は三ないし四%、永続的神経障害の可能性は一%、そして死亡の可能性は〇・一%であると証言した。第二回目の審問手続きで同証人は、Xを再検査したところ、弾丸は最初に考えていた神経や動脈に近いところではなく、皮膚の真下にあることが判明したので、手術には一ないし一・五センチの切開を要するが、局部麻酔で足りるので危険はないと証言した。公判裁判官は、外科手術の申立てを認めた。Xは州最高裁に、禁止令状又は（及び）人身保護令状の発付を求めたが却下された。そこでXは第四修正を理由として連邦地裁に手術禁止を求めたがこれも却下された。

一九八二年一〇月一八日、外科医が手術直前にX線検査を実施させたところ、弾丸は筋肉組織内二・五ないし三センチのところにあり、当初の予想よりも深いところにあることが明らかとなった。同外科医は医学上の理由から全身麻酔が望ましいと判断した。Xはこの新証拠に基づいて公判裁判所に再審理を申し立てた。同裁判所は証拠決定の審問手続き後にこれを却下し、州最高裁もこれを支持した。そこでXは、連邦地方裁判所に対し、以前に同裁判所が下した判断の変更ないし修正を申し立てた。連邦地方裁判所は、証拠決定の審問手続き後に、外科手術を禁止し、第二巡回区連邦控訴裁判所も次のような判断を示してこれを支持した。

(2)　本件における争点は、要するに、全身麻酔の下での不任意の本件外科手術は重大な侵入であるから憲法上不合理な身体の捜索に当たるといえるかである。この領域における支配的原理は、シュマーバ判決及びローチン判決で明らかにされたそれであることは（すべての）判例が認めている。シュマーバ判決は、個人の尊厳（the sanctity of the individual）への軽微な侵襲だけが許されると警告していた。一方、ローチン判決は、証拠を採取するための胃ポンプの使用を非難した際に、警察のやり方が英語を話す国民の正義の観念を表明している品位と公正の基準に違背していないかを考えて判断を下すよう裁判所に説示した。検察側の求める本件手術は、シュマーバ判決の下で許容される「軽微な侵襲」か、それとも許容される侵襲の範囲を越えており、それ故、ローチン判決によって非難されるかである。われわれは、本件事実の下で、本件侵襲はきわめて広範囲に及び、危険かつ不確実であるから、本件手術を実施することはできないと結論する。危険、損傷、苦痛のないシュマーバ判決における処置と異なり、本件処置には、この三つのすべての可能性がある。

〝医学用語上の定義が憲法上の基準のパラメータと同一であるべきであると考える理由はない〟から、本件処置は医学上簡単な手術と呼ばれているとしても、そのことは支配的ではないとする原地方裁判所の意見に同意する。法律上の調査は、医学用語で医学上の評価をすることでなく、提示された全体の状況の下で、訴追側の要求する処置が憲法上不合理であるかを判断することである。検察側はこの市民――未だ刑事犯罪で有罪とされていない――に麻酔薬と催眠剤を投与して無意識の状態にした後、胸部を外科手術で切開し、同人が告発されている犯罪の公判で証明力を有するとも有しないともいえる弾丸を探し求めようとしている。これは、検察側が合法的に第四修正の範囲内で実施できる警察実務の枠を越えている。本件手術は、余りにも侵襲的で余りにも大きな危険を伴うから、刑法を執行する際の許容できる警察実務と認められない。

要するに、われわれは、以下の原地方裁判所の判断に同意する。すなわち、本件で考えられている処置は、シュマーバ判決における注射器の刺入、クラウダー判決における軽い侵襲、そして当初に必要とされていた軽度の処置をはるかに越えている。訴追側は目的物たる弾丸のありかを探すため、注射薬によって被告人を無理矢理に屈服させ、身体を大きく切開し、筋肉組織を（ハーケンで）引き裂き、そしてつきとめることに成功すれば、弾丸をその身体から採取しようとしているのである。このようなことはすべて、本件処置がXの生命と健康の維持に医学上必ずしも必要とは認められていない場合になされようとしている。侵襲の範囲、手術に伴う危険、そしてXの尊厳への侮辱を考慮して、当裁判所は、本件処置はシュマーバ判決における軽微な侵襲というよりはむしろ、ローチン判決における許されない（捜査）活動に類似したものとの結論に達した。要するに、〝これらはほとんど拷問というに等しい捜査方法であって、憲法上の相違を認めることはできないのである。〟

連邦最高裁は、これに対する訴追側の上告受理の申立てを容れ、「検察側は第四修正と一致して、犯罪の証拠の捜索のためにこの種の手術を被疑者に強制することができるかを検討」した結果、全員一致で次のような判断を示し、本件弾丸摘出手術はシュマーバ判決の禁じた「重大な侵襲」に当たることを明らかにした。なお、法廷意見の執筆はブレナン裁判官である。

二　判　示

(1)　シュマーバ判決は、検察側が被疑者の抗議を制して医師に酒酔運転の被疑者から血液を採取させても第四修正の保障する不合理な捜索・押収を受けない被疑者の権利に違反しないと判示した。しかし、シュマーバ判決は注意深く、〝われわれは今日、極めて限定された状況下での訴追側による個人の身体への軽微な侵襲は憲法の禁ずるところではないと判示したが、このことは決して、より重大な侵襲又は他の状況下での侵襲を許すことを意味していない〟と指摘していた。本件では、武装強盗未遂の被告人リー（X）に全身麻酔の下にその胸部にある弾丸の摘出のための外科的処置を強制するよう求めている検察側の主張によれば、弾丸はXの有罪の証拠を提供することになるというのである。われわれは、本件で求められている手続きはシュマーバ判決で注意深く禁じていた〝より重大な侵襲〟の一例であると結論し、かかる手続きを是認することは第四修正によって保護されているXの身体の安全の権利を侵害することになると判示する。

(2)　第四修正はプライバシーの期待を保護し、一般に、コミュニティの証拠収集の必要性が一定の基準――通常は〝相当な理由〟――に達する時点まで、官憲の侵入から〝身体、家屋、書類、所持品〟の〝安全〟を保護している。この時点を越えると、法執行におけるコミュニティの重要な利益を推進するために、コミュニティが個人にプライバシー及び安全に関するその利益の一部を放棄することを求めても、それは通常、正当とされる。すなわち、そのような捜索は一般に、第四修正の文言にいう〝合理的〟なものである。

しかし証拠収集のための個人の身体への外科手術による強制的な侵襲は、プライバシー及び安全の期待に重大なかかわりを有するから、たとえ証拠が見つかるであろうとしても、かかる侵襲は〝不合理〟なものとなりうる。シュマーバ判決では、シュマーバ（S）は病院で治療中に逮捕された。警察官は病院で医師に命じて血液を採取させた。Sは後に、血液検査の結果得られた証拠を公判で提出することに異議を申し立てた。シュマーバ判決では、Sが酒酔運転であったと信ずるに足る相当な理由があり、かつ血液検査によってこの確信を裏付けるきわめて証明力ある証拠が見つかるであろうと信ずるに足る相当な理由があったことは明らかである。この事件は、令状の要件の例外である緊急状況の例外の適用範囲内にあったので、令状は必要でなかった。捜索は、目的を達成するために合理的に必要とされる以上の侵襲でなかった。それにもかかわらず、Sは証拠として必要な血液を採取するために訴追側が彼の身体に侵聾することを第四修正は禁止していると主張したのである。

シュマーバ判決は、第四修正の重要な機能は人のプライバシー及び尊厳を訴追側の不当な侵襲から保護することであると指摘し、これらの価値は自由社会の基盤である、採血は家屋、書類、所持品に対する訴追側の介入というよりも人の身体への侵襲であると指摘したのである。かかる侵襲はおそらく、Sの最も個人的かつ根源的なプライバシーの期待にかかわっていた。そして当裁判所は、この侵襲が正当化されるかを判断するには、（各個別の）事実及び状況の明断な検討が必要となることを認めた。第四修正は、そのような侵襲をすべて禁止するものでないし、またすべて認めるものでもない。すなわち、同条の〝本来の機能は、すべての侵襲それ自体を禁止することでなく、それぞれの状況下において正当化されえない侵襲、又は不相当な方法による侵襲を禁止する〟と指摘したのであった。

皮膚下への外科手術による侵襲の合理性は、プライバシー及び安全における個人の利益と医学的処置をすることにおける社会の利益とが比較衡量される個別的判断いかんによる。所与の事件において、コミュニティの証拠の必要性が問題となっている重要なプライバシーの利益に優越するかの問題は、類型的な答えのできない微妙な問題である。しかしシュマーバ判決は、このような事案を分析するための適切な枠組を提供していると考えられる。シュマーバ判決は、第四修正の通常の要件はこの種の外科手術による捜索・押収を実施するための第一の要件となるであろうことを認めていた。われわれは、相当な理由の重要性を指摘し、住居を捜索するためには通常、捜索令状が必要とされるのであるから、緊急時を除き、人間の身体への侵襲にかかわる場合に令状が不必要ということはありえないと指摘し、有罪の証拠を求めて人の身体に侵襲すべきかの争点について、中立・公正な（裁判官が）慎重に判断することの重要性は議論の余地がないと指摘したのであった。

このような基準のほかに、シュマーバ判決は、血液検査の〝合理性〟を判断する際に他の若干の要素を検討した。シュマーバ判決において侵襲の重大性を分析する際の決定的な要因は、当該処置が個人の安全又は健康を脅かす程度である。〝ほとんどの人にとって（血液検査は）、実質的には何ら危険を及ぼすものでも損傷や苦痛を与えるものでもない。〟……医学上承認された方式に従って病院で医師によって実施されたのであった。相当な理由があるとしても、被疑者の生命又は健康に危険を与える場合には、犯罪の証拠のための捜索は正当化されえないこととなろう。

他の要素は、プライバシー及び身体の完全性における個人の尊厳という利益に及ぼす侵襲の程度である。個人の居間への侵入、電話による個人の会話の盗聴、警察官同道による個人の警察署への強制的連行は、個人の物理的身体（physical person）を害しない。しかし、このような侵入は、個人の身体のプライバシー及び安全に関する認識を傷つけ、かくして第四修正の命令に服することになる。血液検査は〝今日の定期的な身体検診においてはごくありふれたことである〟と指摘してシュマーバ判決は、血液検査は個人の身体のプライバシー及び身体の完全性に対し不当に重い負担とはならないことを認めたのである。なお、この点で、シュマーバ判決における処置はローチン判決における実務（警察官のやり方）とは著しい相違を示している。

これら個人の利益と比較衡量されるのが、公正かつ正確に有罪又は無罪を決定するコミュニティの利益である。この利益はもとよりきわめて重要である。われわれはシュマーバ判決において、血液検査は人のアルコール濃度を判断するためにはきわめて効果的な方法であることを指摘した。さらに、もし血液検査が実施されれば、事実（望ましい）証拠が発見されるであろう明白な徴憑があった。とりわけ他の方法による酩酊度の立証が困難であることからして、このような考慮は、もし訴追側は飲酒運転（を禁ずる）法律を執行すべきであるというのであれば、血液検査の結果はきわめて重要であるということを示していた。われわれはシュマーバ判決において、このような訴追側の利益は侵襲を正当化するのに十分であり、かくして強制的な血液検査は第四修正の趣旨に照らし〝合理的〟であると結論したのである。

(3)　シュマーバ判決の比較衡量の基準（balancing test）を本件に適用すると、控訴裁判所は正しい結論に達していたと思われる。訴追側には明らかに本件捜索を実施する相当な理由があった。さらに、すべての当事者は明示に、Xは十全な手続き上の保護を受けており、外科手術による切開の合理性を分析する際に当然含まれている困難な医学的かつ法律的な問題を十分に争うことができたことに同意している。われわれは、それ故、Xのプライバシーの利益に及ぼす侵襲の程度と訴追側の証拠の必要性とに焦点をあてて検討しなければならない。本件手術によるXの健康又は安全に対するおそれは当事者間に激しく争われている問題である。さらに手術の性質と範囲に関する証言に争いがあった。ある外科医は手術には一五分ないし二〇分かかると述べ、そして他の外科医は二時間半を要することもありうるとした。原裁判所が医学上の危険の程度が曖昧であることを考慮したのは正しい。

なお、ある専門家は、これは〝簡単な〟手術であると証言した。手術が医学上の用語で簡単（minor）といわれるか危険（major）といわれるかの問題は支配的でない。われわれは、〝医学用語上の定義が憲法上の基準のパラメータと同一であるべきと考える理由はない〟との本件における控訴裁判所及び地方裁判所の見解に同意する。このことは、このような事案において医学上の概念の適用は無視すべきであるという意味ではないが、特定の医学上の分類は、裁判所がなさねばならない多面的な法的検討を支配できないのである。

両下級審は本件において、純粋に医学上の理由で全身麻酔を必要とする本件手術はXの身体のプライバシー及び身体の完全性に対する〝広範囲〟(extensive)な侵襲であると考えた。患者の同意を得て実施される場合には、全身麻酔を必要とする外科手術は必ずしも品位を傷つけるものでも、押しつけがましい(demeaning or intrusive)ことでもない。そのような場合、外科医は患者の身体に関する患者自身の意思を実現している、それ故、患者のプライバシーの権利は保護されている。ところが本件では、訴追側はXの身体を統制下におき、〝この市民――未だ刑事犯罪で有罪とされていない――に麻酔薬と催眠剤とを投与して無意識の状態にし〟、そして犯罪の証拠を求めて彼の皮膚の下を捜索しようとしていると控訴裁判所は指摘したのであった。この種の外科手術は、事実上Xの通常の統制を完全に奪うことになる。

比較衡量の他の部分は、弾丸を摘出するためにXの身体に侵襲する訴追側の必要性に関するものである。訴追側は、A(被害者)の銃から発射されたものであることを立証するのに弾丸は必要であると主張するが、この弾丸の絶対的必要性(compelling need)の主張は説得的でない。検察側はこのほか、Xが強盗の当夜、Aに近づいて声をかけた人物であることを示す重要な証拠を入手している。本件ではいずれの当事者も、Aが病院で思わず発した、XをX犯人と識別した供述は許容できないと主張していない。さらに検察側は、本件発生直後にAの店から数ブロック離れたところでXが発見されたことを明白に立証できる。そして検察側は、弾丸の位置(Xの鎖骨下)が強盗犯人は左胸に負傷したとのAの報告と関連していることを立証できるのである。訴追側が弾丸の出所に関するこのような重要な証拠を利用できるという事実は、Xに本件手術を強制する訴追側の必要性を減少させる。

本件における（以上の）種々の要素を比較衡量すると、本件手術は、Xの保護される利益を実質的に侵害することになろう。手術に関する医学上の危険は、とくに重大というほどのものでないが、かなり争いのある問題である。それがまさに不確実であるということは、本件手術を〝合理的である〟との認定を妨げることとなる。さらに、手術に伴うXのプライバシーの利益への侵襲は、重大なものとしてのみ特徴づけることができる。他方、弾丸は、Xを訴追するにあたり訴追側に有用となることが判明するかもしれないけれども、訴追側はその絶対的必要性を立証していない。われわれは、このような状況下において、手術という方法によって本件犯罪の証拠を捜索することが第四修正の文言にいう〝合理的である〟ことを訴追側は立証したとはいえないと考える。

(4)　第四修正は、プライバシーの合理的期待を有する領域への不合理な訴追側の侵入を受けない市民の権利に関する重要な保障方法である。プライバシーの期待がより小さいと認定された場合、あるいはプライバシーの利益への最小限の侵入にかかわる場合には、第四修正の保護は、それに応じてそれ程厳格ではないと（当）裁判所は判示してきた。しかしながら逆に、われわれの社会が高度に重要なプライバシーの利益を認めている領域に訴追側が侵襲しようとするときには、かような捜索を〝合理的〟とするにはより重要な正当化理由が必要とされる。われわれは、このような原理を適用して、本件において求められている捜索は第四修正の下で〝不合理〟なものと判示するのである。

【バーガー首席裁判官の同調補足意見】（略）

三　本判決の意義と問題点

(1)　本判決の最大の意義は、連邦最高裁が初めて、シュマーバ判決におけると同じく比較衡量の手法によりつつ、全身麻酔を要する本件弾丸摘出手術をシュマーバ判決で警告した「重大な侵襲」に当たることを明らかにした点にあるといってよい。本判決は、医学上の危険が必ずしも明らかでない弾丸摘出手術についてその合憲性を否定したものであるが、専ら医学上の危険の観点からその適否を判断してきた従前の下級審判例とは異なり、法的観点すなわちプライバシーや身体の完全性に関する人間の尊厳の重要性を強調しているところに、最も重要な積極的意義がある。

(2)　アメリカの各法域裁判所は、ローチン、シュマーバ両判決を参考にしつつ、弾丸摘出手術の適法性いかんを検討してきたが、コロンビア地区巡回区連邦控訴裁判所が一九七六年のクラウダー判決において全裁判官関与の下に再審理した結果、先の違憲判決[11]とは逆に「シュマーバ判決を拡大して」右上腕部の簡単な弾丸摘出手術の合憲性を肯定して以降、このいわゆる「シュマーバ・クラウダー基準」が他の法域にも大きな影響を及ぼすことになる。もっとも、クラウダー判決は、「主としてシュマーバ判決に依拠」しつつ、シュマーバ判決とは異なり「外科的処置の合理性には関心を示さず、専ら手術を是認するための手続きだけを検討」し、身体の尊厳（bodily sanctity）の問題には全く触れていない。シュマーバ判決は、身体の尊厳やプライバシーの権利がきわめて重要であることを大前提に、血液検査の日常性や飲酒運転抑止の必要性などと比較衡量した上で「軽微な侵襲」にすぎないとして強制採血の合憲性を肯定した。ところがクラウダー判決は、専ら「後遺症の危険だけを合理性の指標として把えた」ため、事前の対審的聴聞及び上訴審による再審査の機会が与えられてさえおれば、医学上の危険を伴わない手術はすべて「軽微な侵襲」としてその合憲性が肯定されることになる。[12]しかし「クラウダー判決は大きな影響を及ぼし……州裁判所はすべて、このクラウダー判決の分析を適用した」[13]ため、医学上危険のない弾丸摘出手術については合理的な捜索としてこれを許容するのが下級審判例のすう勢となる。

本判決は「たとえ強制的な手術によって証拠が発見されるとしても、手術は〝高度のプライバシー及び安全の期待にかかわりがあるため〃不合理とされうること、そして合理性判断は個別的アプローチにより、個人のプライバシー及び安全の利益と証拠獲得のために手術を実施する社会の利益とが比較衡量されるべきであること」を指摘し、さらに〝医学用語上の定義が憲法上の基準のパラメータと同一であるべきであると考える理由はない〃として、いずれの点においても両下級審の判断に同意することを明らかにしている。もっとも、第一審の連邦地方裁判所は本件手術はローチン判決に違反するとし、第二審の連邦控訴裁判所はローチン判決及びシュマーバ判決に違反するとしたのに対し、連邦最高裁はシュマーバ判決に違反するとしたが、このことは右判示の重要性に何ら影響を与えるものではない。いずれにせよ、本判決が、身体のプライバシー及び身体の完全性への危険性は余りにも大きいとした原判決を引用しつつ、これを支持したことは重要である。

下級審裁判所は従来、〝軽微な侵襲〃と〝簡単な手術〃とを混同し、いわば両者を同視していた。しかし、シュマーバ判決は「身体の尊厳と肉体的健康」(the personal dignity and the physical well-being) の双方に関心を示していた。「簡単な手術という概念は肉体的健康に関係するが、一方、軽微な侵襲という観念は人間の尊厳に関係する。」連邦控訴裁判所は、「たとえ全身麻酔の使用は外科手術においてありふれたことで比較的危険なものではないとしても、そのことは重要なことでない。問題は、本件の全体の状況下において、訴追側の求める外科的処置が憲法上不合理であるかである。……後遺症の危険に関する医学上の分析だけでは第四修正の被告人のプライバシー及び尊厳を保護するのに十分ではないとして……本件手術は憲法に違反するとした」、すなわち「医学上の危険がそれに伴うからでなく、人間の尊厳を損うが故に、本件弾丸摘出手術は憲法に違反する」と判示したのである。「従来用いられた判断基準を修正し」「クラウダー判決及びその亜流 (progeny) から訣別し、シュマーバ判決流の分析に回帰した」として本判決が積極的に評価される所以である。(14)

(3)　では、なぜ全身麻酔による弾丸摘出手術は第四修正の保護するプライバシー及び身体の尊厳を損うことになるのか。この点に関する次のような分析は注目に値する。

自由社会において犯罪を犯したとされる人々の訴追は、合衆国及び合衆国の法制度がその肉体及び精神の両者における個人の完全性に付与する価値に合致した方法によって行使されなければならない。第四修正は、このことを前提にしている。二つの理由で、被告人を無意識にすることは、かかる方法の一つとはなりえない。第一、意識が人間の決定的要素（definitive of being person）である限り、その意思に反して全身麻酔によって意識を喪失させることは被告人の人間性の本質に対する明白な侮辱（clear affront）である。その意思に反して無意識にすることは、個人の肉体的精神的完全性に付与されている価値と相容れない。第二の理由は、プライバシーにかかわる。プライバシーは、個人の身体的精神的完全性のいわば歩哨である。プライバシーの領域は、私的人間としての個人と世界を他者と共有する公的人間としての個人との間にある。第四修正は、相当な理由として観念される侵入への社会的必要性がある場合を除き、法執行官の行動を介して人の身体、住居、書類、所持品が公の目にさらされることを阻止することによってかかるプライバシーの領域を保護している。第四修正は、物理的人間（physical person）、私的活動領域、そしてプライバシーの期待と定義される個人のプライバシーを保護するというのであれば、それは当然、人の内部の身体（his inner person）をも保護する。かくして第四修正は、意識喪失をもたらす意思に反する外科的侵襲を阻止し、人の内部の身体的精神的人格を保護するのである。

全身麻酔を伴う外科手術による捜索は、他の捜索と異なり、被告人の精神的存在の決定的構成要素、すなわちその意識への侵入を伴うのみならず、その内部の物理的存在への侵入を伴う。それ故、中心の問題は、身体的侵襲としての外科手術による捜索の範囲でない。むしろ決定的問題は、外科手術による捜索が行われる方法及びその必然的結果、すなわちプライバシーの身体的領域及び精神的領域の両者への侵入である。かくして、全身麻酔の下で行われる外科手術による捜索は、その手術が軽微な侵襲に相当するか重大な侵襲に相当するかにかかわりなく、第四

修正に違反することになる。(15)

このように、本判決は、クラウダー判決が合理性の判断基準にした医学上の危険性の有無に加えて、身体の尊厳や身体の完全性に関するプライバシーという法的判断の重要性を強調した下級審の判断を維持した上で、本件弾丸摘出手術を第四修正に違反すると判示したもので、その意義は誠に大きい。本判決の影響及びその正確な評価については今後の判例の積み重ねを待つ外ないが、人間の身体そのものをプライバシーの根源と把える視点はとりわけ重要と思われる。わが最高裁にはこのような視点が全く欠落しているだけに、強制採尿の問題点を再考する上で、本判決はわれわれにとっても重要な視座を提供しているように思われるのである。

(4)　アメリカでは、強制処分としての直接採尿が行われた事例は見当たらない。逆に傍論ではあるが、「実力や脅迫を用いて尿の提出に応ずることを強制したり、あるいは器具を使用して強制的に尿を採取した」場合には、ローチン判決に違反するとのコロンビア地区連邦地裁判決（United States v. Nesmith, 121 F. Supp 758）が存在することはすでに指摘されているとおりである。(16)もっとも、第一〇巡回区は一九八〇年のヤネス判決（Yanez v. Romero, 619 F. 2d 851, at 855-856）において、モルヒネの不法所持のかどで適法に被疑者を逮捕後に尿の提出を求めたところ拒絶されたので、警察官が任意に提出しなければカテーテルを用いて強制的に採取すると脅迫して被疑者から排尿を領置した事案につき、「器具（カテーテル）が実際に使用されていたのであれば」ローチン判決の事案に酷似する、したがって、「カテーテルを用いて体液を強制的に採取することは人間の尊厳を著しく損なう」（the forceful use of the catheter to obtain a body fluid to be a gross personal indigrity）が、しかし脅迫は現実の侵入と同一ではない」からデュー・プロセスに違反しないとした。これに対し反対意見は、「本件で警察官の用いた処置は、品位と公正の基準に違背している。カテーテルで強制的に採取するとの脅迫（the threat of catheterization）は、実際の体腔内への挿入がそうであるのと全く同じく、私の品位の感覚に違背する」として、デュー・プロセスに違反することを明らかにしている。

むろん、アメリカ法では、強制採尿は不合理な捜索・押収として第四修正に違反し、かつ第一四修正のデュー・プロセスに違反するとしても、われわれが必ずしもこれに従わなければならないいわれはない。ただ、その適法性を肯定したわが最高裁昭和五五年決定には、クラウダー判決と同様、シュマーバ及びウインストン両判決でブレナン裁判官が強調した、身体の尊厳や身体の完全性に関するプライバシーの保護という重要な視点が欠落ないし軽視されているのであって、カテーテルによる強制採尿はプライバシーの核といえる生殖器への重大な侵襲を伴うものであるだけに、この点を看過した右決定については根本的な疑問を払拭できないのである。

（11）　United States v. Crowder, 513 F. 2d 395 (D. C. Cir. 1975). 本判決の評釈として、Note, 37 U. Pittsburgh L. Rev. 429 (1975) ; 50 Tulane L. Rev. 411 (1976) があるが、判決文自体は判例集の該当頁に登載されておらず、判例集目次に「裁判所の要請により取り消す」と表示されているにすぎない。Cf. Note, Court-Ordered Surgical Removal of a Bullet From on Unconsenting Defendant for Evidentiary Purpose Held Reasonable Under the Fourth Amendment, Crowder v. United States, 543 F. 2d 312 (D. C. Cir. 1976), 55 Texas L. Rev. 147, at 147 (1976).

（12）　Note, Id. at 152.

（13）　Comment, Lee v. Winston : Court-Ordered Surgery and the Fourth Amentment—A New Analysis of Reasonableness ? 60 Notre Dame L. Rev. 149, at 156 (1984).

（14）　Id. at 158-162.

（15）　Leonard Bruce Mandell & L. Antia Richardson, Surgical Search : Removing a Scar on the Fourth Amendment, 75 J. Crim. L. & Criminology 525, at 542-544 (1984).

（16）　井上正仁「刑事手続における体液の強制採取」法学協会百周年記念論文集第二巻六七五頁（注53）参照。

第四章　アメリカ法のまとめ

アメリカではデュー・プロセスはあくまでも手続的保障であるので実体的デュー・プロセスは概念矛盾があるとの批判（スカーリア裁判官）が繰り返されていたが、今では両者を含めてデュー・プロセスと呼ばれている。そして一七九一年のいわゆる権利の章典の規定は、第一四修正のデュー・プロセス条項を介して、そのまま各州に適用されるため全米で共通する画一的なアメリカ法が確立しているのである。

以下、改めて右の経緯に少し触れ、デュー・プロセスをめぐるわが国での議論を簡単に取りまとめた後、いずれも周知の若干の具体的事例を挙げて日米最高裁の乖離につきかねての持論を提示し、強制採尿をめぐるわが最高裁の問題点については節を改めて検討することとしたい。

第一節　画一的アメリカ法の成立

今日では全米で共通する最低基準としてのアメリカ法が成立している。例えば、第五修正の二重の危険は第一四修正のデュー・プロセス条項を介して（through）州に適用される（一九六九年ベントン判決）と判示されていたが、今日では「何人も、刑事事件において自己に不利益な証人となることを強制されな〈い〉」と規定するいわゆる自己負罪拒否特権は第五修正および（and）第一四修正のデュー・プロセス条項によって州に適用される（一九八六年レイクサイド判決）と判示する」のが一般的である。このことはデュー・プロセスのアメリカ全法域での定着振りを端的に示すものといえるだろう。

一方、デュー・プロセスそれ自体については「権利の章典の個別具体的な他の規定の中で描かれているそれらほど厳密でなくより流動的な概念」（一九四二年ベッツ判決）であり、一般的な定義になじまないことが早くから繰り返されていた。実体的デュー・プロセスについても同様であり、すでに確立している権利の章典の各規定の判断基準と異なり、〝人間の良心にショックを与える〟かどうかで判断する外ないというのである。そして前述のように合衆国最高裁は、発作を押えるためのスーパーでのジュース購入時に誤認逮捕された糖尿病患者が第一四修正違反を理由に警察官に対し損害賠償を請求した事案につき、第四修正がこの種の公務員の行為に対する憲法上の保護を明示しているとした上で、「より一般的な〝実体的デュー・プロセス〟の概念でなく第四修正の判断基準が指針とならなければならない」（一九八九年の【8】グラハム判決）と判示した。合衆国最高裁はその後も右判示を繰り返しており、例えば一九九八年の【11】ルイス判決においてグラハム判決を詳細に引照しつつ、被告人の主張が「第四修正によってカバーされる限り、実体的デュー・プロセスの主張は相当でない」と判示しているのである。

ところで、わが国でのデュー・プロセスをめぐる議論はやや錯綜しているが、鈴木茂嗣教授はすでに一九七九年の段階で次のような見解を主張していた。「現行憲法には、世界的にみても稀なほど詳細な刑事手続上の人権保障規定が存在する。これは、アメリカ合衆国憲法の影響を受けたものであるが……それらには、法律の留保は存しない。刑事訴訟法は『憲法的刑事訴訟法』でなくてはならないといわれる所以である」とした上で、「憲法三一条（あるいは一三条）と三二条以下の規定との関係は、前者を適正手続の総則規定ないし一般法、後者をその各則規定ないし特別法と解し、前者は、三二条以下の規定ではカバーしえない場合をすくい上げる最後の手段として機能すると解するのが妥当であろう」と主張していたのである。（鈴木茂嗣「憲法と刑事訴訟法との関係」松尾浩也編・ジュリスト増刊『刑事訴訟法の争点』（有斐閣、一九七九年）（後に『続・刑事訴訟の基本構造 上巻』（成文堂、一九九六年）所収）。ただ、鈴木教授は「三一条は手続の法定を定めるものと解し、適正手続の総則規定としては、むしろ個人の尊重を定める一三条の規定をとり上げるのが、わが憲法の解釈としては素直ではないか」とする。

右見解は先に詳論した合衆国最高裁の態度とほぼ同一であるだけに、デュー・プロセスという基本原理を共有しながら似ていて非なる日本の司法制度の問題点を解明するうえで有益と思われる。アメリカ法と異なる日本独自のデュー・プロセスという概念が成立する余地はありうるのか、比較的周知の具体的問題をとり上げて少し考えてみたい。

第二節　日米最高裁の乖離

日米両国はほぼ同一の憲法条項を有しているにもかかわらず、憲法上も支障がないとしてアメリカで多用されているおとり捜査や司法取引、刑事免責等の捜査方法がわが国では採用されていない。そのためミランダ判決等の援用によるわが国における被疑者取調べ批判も「米国の刑事司法構造への洞察を欠いた主張でしかない」との批判が繰り返されてきた。米国では、有罪答弁に応じて共犯者の検挙にも協力して証言すれば寛刑にとどめる旨選択を迫り、被疑者と弁護人が相談の上、この司法取引に応じ、有罪答弁で決着する。要するに「刑事司法全体の構造」を把握した上での批判が肝要であり、良いことのつまみ食いでは説得力に欠けるというのである。太田茂・ジュリ一一四八号三七八頁以下参照。確かに、アメリカでこのような捜査方法が多用され、その有罪の大半（ほぼ九五パーセント）は司法取引によるものとされている。その典型例は、バリー・ワシントン市長の元愛人をおとりとした麻薬吸引中の現行犯逮捕事件である。また愛人とのいわば痴話げんかの末にその娘の誘拐未遂で逮捕されたニューヨーク州最高裁ワハトラ長官の事例などわが国ではおよそ考えられないことである。『NYロースクール断想』四三三頁以下参照。

ただ、アメリカでは第一修正の言論出版等の自由は早くも一九二五年ギトロウ判決でデュー・プロセス条項を介して州に適用されることが確立しており、一九八九年ジョンソン判決においてベトナム戦争反対の意思表示としての国旗の公然焼却は言論の自由によって保障されていると判示された。そしてブレナン裁判官執筆の法廷意見には、スカーリア裁判官とケネディ裁判官が加わっているのである。また米国の多くの新聞が本年（二〇一八年八月一八日、報道の自由を訴える社説を一斉に掲げたのも言論報道の自由が民主社会の核であることを示している。詳しくは、小早川義則「トランプ大統領と報道の自由」名城ロースクール・レビュー第四四号参照。

昨年（二〇一七年）成立のいわゆる共謀罪が端的に示しているように、わが法のアメリカ法への接近ないし傾斜は目に余る。最大の問題点は、〝応用憲法〟〝憲法的刑事訴訟法〟のかけ声にもかかわらず、わが国では憲法とのかかわりを看過ないし無視したままのいわば憲法抜きの議論に終始していることである。

以下、近時の共謀罪や司法取引の成立等に触れつつ、憲法の視点から問題点を簡単に指摘しておく。

一　共謀罪

共謀罪の原型とされるコンスピラシーは英米判例法の所産であり、わが国の判例により早くから確立している共謀共同正犯と軌を一にする。しかし、英米法のコンスピラシーは犯罪行為を遂行しようとする二人以上の者の合意自体を危険視して犯罪とする未完性犯罪であるので、少なくとも一人の実行行為を必要とするわが国の共謀共同正犯とは決定的に異なる。コンスピラシーは、その目的たる実体犯罪とは別個独立の犯罪とされているので、両者の重複起訴はもちろん、実体犯罪での無罪判決後にコンスピラシーで訴追することも二重の危険に反しないことが確立している。一九八一年にロサンジェルスで起きた邦人銃撃事件で無罪が確定していた三浦和義氏が米国領サイパン島で二〇〇七年二月「殺人および共謀」容疑で逮捕され、ロサンジェルス地裁が殺人罪を無効、共謀罪を有効としたのはこのためである。

わが法とは全く異質なコンスピラシーが注目されたのは、第二次世界大戦後の極東国際軍事裁判、すなわち東条英機元首相ら二八人がA級戦犯として起訴されたいわゆる東京裁判である。東西冷戦下に原子力スパイ事件で処刑されたローゼンバーグ夫妻もコンスピラシーによるものであり、同時期にスミス判決の合憲性を肯定した一九五一年のデニス判決もそうである。むろんアメリカでもコンスピラシーの濫用の危険は早くから指摘されていた。このような長年にわたる批判を考慮してアメリカ法の重要な法源である一九七五年米連邦証拠規則第八〇一条（D）（1）（E）は、コンスピラシーの存続中にかつ「コンスピラシーを推進するため」にされた共謀者の供述であるときに限り、それを他の共謀者の不利益な証拠として許容できるとした。したがって、例えば、共謀者が逮捕後にした他の共謀者を巻き込む捜査官への自白は「コンスピラシーを推進するため」という要件を満たさないことは明らかであるから、およそ他の共謀者に不利益な証拠として許容することはできない。

このようにアメリカでは、コンスピラシー立証の要である共謀者の供述についても逮捕後の捜査官に対する公判外供述は他の共謀者に対する証拠としては許容できない。そしてこの問題について判示する際には必ず、憲法上の証人審問権の観点から共犯者供述の許容性を否定する一連の判例が繰り返し引照されている。ところがわが国では、アメリカ法類似の共謀罪法案の導入に際して、このようなアメリカでの共犯者ないし共謀者の供述の取扱いに対する憲法上の制約をどの程度考慮しているのかが全く明らかでない。

二　刑事免責

アメリカ型の刑事免責導入の最大の効果は、関係者の供述とりわけ共犯者供述の活用にある。ただ、アメリカではいわゆる共犯者の自白ないし伝聞供述を被告人に不利な証拠として許容するのは第六修正の証人対審権に違反することが確立している。アメリカでは刑事免責を付与した共犯者供述は大いに活用されているが、被告人を巻き込む共犯者の自白はおよそ被告人に不利な証拠として許容されないのである。これに対しわが国では、被告人を巻き込む共犯者の自白であっても刑訴法三二一条の各伝聞例外に該当すれば証拠能力が肯定されるうえ、被告人自身の自白とは異なり共犯者の自白には必ずしも補強証拠は必要でないことが判例上確立している。

検面証拠の合憲性については当初からアメリカ法とのかかわりで大いに問題とされていた。しかし、立法に関与した横井大三氏は、被告人の証人審問権は確かに被告人にとって必要な権利であるとしたうえで、「日本では、伝聞法則の例外として検察官調書がかなり広く採用されているのに対し……英米にはそういう検察官調書の取り扱い方がないという理由だけで、検察官調書に広い証拠能力を認める日本の制度を非難するのは当らない」ことを強調していた。確かに「英米にはないという」理由だけで日本での検面調書の伝聞例外を非難するのは説得力がない。そして最高裁は早々と昭和二〇年代後半の段階で検面調書の伝聞例外の合憲性を一律に肯定したため実務は今日に至るまでその前提の下で運用されている。

一方、アメリカで伝聞法則と憲法上の証人審問権とのかかわりが正面から議論されたのは、一九六五年ポインター判決以降のことである。一九七五年の連邦証拠規則制定時にいわゆる共犯者の自白は利益に反する供述ではない旨の文言を同規則第八〇四条末尾に明記するのは一九六一年のブルートン判決の要求であるかが激しく争われ、そして今日に至るまで州法上の各伝聞法則と証人審問権とのかかわりをめぐり活発な議論が展開されていた。

このような状況下に合衆国最高裁は二〇〇四年のクロフォード判決（スカーリア裁判官執筆）において、〝深く根を下ろした伝聞例外〟に該当するか〝信頼性の徴憑〟が認められる場合にはそれを許容しても憲法上の要件は満たされているとしていた一九八〇年のロバッツ判決を突然変更した。とりわけ注目されるのは、共犯者であると称していたコバム伯を〝ここに呼びつけ私の面前でそのことを語らせよ〟との主張が認められずコバム伯の法廷外供述だけで一六〇三年に断罪されたサー・ウォルター・ローリ裁判への批判が証人審問権の背景にある旨強調されていることである。合衆国最高裁はそれ以前にも連邦証拠規則の解釈として「共犯者の法廷外の供述の証拠能力をほぼ全面的に否定していた」（鈴木義男氏）、そしてここに第六修正の証人審問権の解釈として法廷外の共犯者供述の証拠能力をほぼ全面的に否定することが確立されるに至ったのである。

問題は、「英米法にはない」伝聞例外云々ではなく「アメリカで憲法上の証人審問権に反するとしてその証拠能力を否定されている」共犯者供述を検察官に対する供述調書の伝聞例外としてその合憲性を肯定することが憲法解釈として許されるのかである。ところが、わが国での議論はアメリカとは異なり、昭和二〇年代の段階で固定したまま一歩も前進していない。

三　二重の危険

一九六三年に三重県津市で発生した名張毒ぶどう酒事件には、第一審の津地裁の無罪判決に対し検察官が控訴したところ名古屋高裁が逆転有罪でしかも死刑を言い渡し、最高裁がこれを支持したため死刑判決が確定したという特異な経緯がある。先般獄死した奥西死刑囚の再審請求が何度も棄却されていたが、疑問に思われたのは、半世紀以前の事件につき「新規性」「明白性」の要件を満たすことが果たして実際上可能であるのかという点である。

アメリカでは少なくとも死刑事件については、事実認定および量刑判断において合理的疑いを越えた立証がなされたとの十二人の陪審員全員による確信があるときに限り死刑判決が言い渡される。一方、わが国では単純多数決による死刑判決も認められている。多数決によるものだとしても裁判体としては合理的疑いを越えた立証を確信したのであるから死刑判決も認められるというのである。したがって、津地裁で少なくとも二人の裁判官が合理的疑いがあると判断したため無罪が言い渡されたにもかかわらず、控訴審でこれを覆すことは可能とされる。しかし、無罪から一転死刑という判断についてもそのように割り切れるのか、この点につき、死刑事件は特別であるから可能な限りあらゆる手続的保障がなされるべきであるといういわゆるスーパー・デュー・プロセスの主張は注目されてよい。

筆者は最近ある研究会で、二〇〇一年七月三一日に逮捕され大阪地裁で二度にわたり無罪判決を受けたにもかかわらずいずれも大阪高裁が控訴を棄却し、最高裁が二〇一五年三月三日に弁護人の上告を棄却したため三度目の第一審が大阪で開始されようとしている事例（被告人は本年病死）のあることを知った。わが国では二重の危険は適用されないため無罪判決に対し検察側が控訴することは認められている。しかし、真相の解明は極めて重要とはいえ、事件が最高裁で最終的に決着するまで事件の審理が永久に続いてよいというものではあるまい。

アメリカで多用されている刑事免責ないし答弁取引の根底には、絶対的な真実の発見は人間の能力を越えているので半分でもないよりまし（half a loaf is better than none）というある種の割り切った考えがある。同一の事件で二度まで第一審で無罪とされた被告人に対しこれほど長期にわたり審理を続けることには二重の危険の精神から頗る疑問に思われるのはもちろん、わが国でも刑事免責制度が導入がされたのであるから、絶対的で間違いのない真実の解明は人知を越えているといういわば謙虚な内省に基づいた割り切り方も必要ではないかと思われるのである。

四　量　刑

有罪確定後の量刑判断は一般に公判裁判官の裁量であるが、死刑事件に関しては、二〇〇二年のリング判決において罪責判断および量刑判断について第六修正の陪審の裁判を受ける権利が被告人に保障されるとされたため陪審の全員一致による評決が不可欠である。有罪とされた各訴因について同時執行か順次執行かの判断は、原則として公判裁判官の裁量に委ねられているため、時には過酷な長期刑が科せられることもある。また二〇〇三年ユーイング判決において、一本三九九ドル相当のゴルフクラブ三本を窃取した被告人が州法上のいわゆる三振法の適用を受けて二五年間パロールの可能性のない終身刑を言い渡された事案につき、残虐で異常な刑罰を禁止する第八修正に違反しないとされた。手続的保障を徹底しつつ、一旦有罪が確定すると、わが国では到底考えられない過酷な刑が科せられる。前述のようにアメリカでは、実体犯罪（例えば殺人）とそのコンスピラシーは別個の犯罪とされているため、それぞれに刑を科したうえで両者を同時執行せず順次執行しても二重の危険に反しないことが確立している。わが国とは全く異なる過酷すぎる量刑の一因であり、その余りにも割り切った考え方に戸惑いを覚えることとすらある。苛酷な量刑はコモン・ローに由来するのであろうが、アメリカ法の負の遺産として留意しておかねばなるまい。

なお、アメリカでは、有罪・無罪が確定した時点で陪審員はその評議内容について自由に話すことができる。そして筆者は、アメリカで陪審員の守秘義務がほとんど問題にならないのは、コモン・ロー上の全員一致評決が刑事事件においてほぼ維持されているからであると単純に考えていたが、ごく最近になり評議後の元陪審員の発言や報道機関のインタビューがアメリカで自由に認められているのは、合衆国憲法第一修正の保障する言論出版の自由がその背景にあることを知った。詳しくは、小早川義則「評議と情報公開・陪審員の評議後のインタビューの一考察」名城ロースクール・レビュー第三三号（二〇一五年）。そして言論出版の自由にあわせて早くから確立している民主社会の要としての陪審裁判のいわば教育的効果に思いを馳せたのである。

五　死刑判決

残虐な刑罰を禁止する同一の憲法条項を共有しているにもかかわらず日米最高裁の決定的相違は、その静的回顧的態度と動的発展的態度にある。日本の最高裁は、時代に逆行してさらし首のような大昔の死刑の方法に戻るならばそれは残虐だというにすぎない。

アメリカでも致死薬物注射が初めて採用されたのは一九七七年以降であることを考えると、昭和三〇年（一九五五年）の最高裁大法廷判決が「現在わが国で採用されている絞首方法が他の方法に比して特に人道上残虐であるとする理由は認められない」と判示したのもあながち不当とはいえまい。問題は、その後においてヨーロッパはもとよりアメリカ合衆国を含む「現代多数の文化国家における」状況は激変したにもかかわらず、そのことに一切言及することなしに今なお絞首刑の合憲性を肯定し続けていることである。

筆者のかねての疑問は、わが国の最高裁の判示は総じて全員一致であり、反対意見が極端に少ないことである。とりわけ死刑の是非のような根源的問題については、見解が分かれるのはむしろ当然と思われるにもかかわらず、わが最高裁は現在に至るまで全員一致の判示を繰り返している。一方、合衆国最高裁は、とりわけ一九七二年のファーマン判決において、当時の各州の処刑手続きを明確な指針のないまま陪審のいわば気紛れに委ねていることを理由にすべて違憲であると判示した。一九七六年七月二日のグレッグ判決を含めた五件の関連判決でファーマン判決に従って改正された各州の死刑制度の合憲性を判断した際に、必ず有力な反対意見が付されていた。そして一九七八年のロケット判決ではバーガ長官が従前の相対的多数意見に与したうえ法廷意見を執筆したため、かけがえのない人の生命を永久に奪う死刑は他の刑罰とは性質を異にする旨のスーパー・デュー・プロセスが合衆国最高裁の判示であることが確立するに至ったのである。

アメリカでほぼ完全に拒絶されている絞首による執行方法についても、常に全員一致の「当裁判所の判例である」という理由だけで、その合憲性を肯定し続けることに違和感を禁じ得ない。究極の刑罰である死刑判決についても明治六年（一八七三年）太政官布告に依拠するだけでその合憲性を肯定することには違和感を禁じ得ないのである。

アメリカでは死刑事件の量刑についても連邦を初めほぼすべての法域において一二人の陪審員全員の同意が必要とされているのは、公開の陪審員選任手続きで弁護側および検察側双方による異議申し立てを徹底的に検討した後で、両当事者の合意した陪審員による判断に委ねることが確立しているからである。判決言い渡し時に裁判官が陪審員全員に対し、「あなたは〝致死薬物注射による死刑〟に同意しますか」と改めて順次質問する場面がアメリカの映画でまま見られるのはこのためである。

第三節　最高裁昭和五五年決定への疑問

強制採尿の適法性を肯定した最高裁昭和五五年の事案は、採尿の開始直前まで採尿を拒否して激しく抵抗していたため数人の警察官に押さえ付けられている被告人の尿道にカテーテルを挿入して約一〇分間におよそ一〇〇ccの尿を採取したというもので、控訴審の名古屋高裁が、結論的には被告人の控訴を棄却して一審判決を支持したものの、強制採尿は「被疑者の人格の尊厳を著しく害し」違法であると判示したのも当然のことである。そして筆者は当初から、強制採尿はローチン判決に反するためデュー・プロセス違反が濃厚であると主張していた、しかし最大の弱点は実体的デュー・プロセスの分析が欠如していたことである。わが最高裁は強制採尿の手続的保障に終始し、生きている人間の秘部にカテーテルを強制的に挿入して尿を採取するという人間の尊厳を無視した捜査方法の実体的側面を看過したまま、その適法性を肯定しているにもかかわらず、実体的デュー・プロセスの観点からの論証が欠けていたのである。

筆者はその後、実体的デュー・プロセスをめぐるアメリカでの動向を精査することになる。そして本書において実体的デュー・プロセスに関する旧稿を改めて整理した結果、アメリカで強制採尿の事例が見当たらないのは、ローチン判決において強制採尿は事実上実体的デュー・プロセス違反が確立しているからであることを確信したのである。そこで最後に、本書で詳論したローチン判決等と強制採尿とのかかわりについて簡単に言及しつつ、改めて強制採尿の適法性を肯定した最高裁昭和五五年決定の問題点を重ねて指摘しておく。

強制採尿の適法性を肯定した最高裁昭和五五年決定の最大の問題点は、いわゆる実体的デュー・プロセスの観点が全く考慮されていないことにある。真にやむをえない「最終的手段」と認められる場合に限定されたものであるにせよ、カテーテルによる強制採尿は採尿を拒否する被疑者を数人がかりで押さえつけ、下半身を裸にし、尿道にカテーテルを挿入して尿を採取する際どい捜査方法であるにもかかわらず、最高裁は、いわば手続的デュー・プロセスの保障に終始し、実体的側面を無視している。筆者が本書で実体的デュー・プロセスにかかわる合衆国最高裁ウインストン判決に至る判例をほぼ網羅的に紹介したのはこのためである。

筆者は、前述のように、最高裁決定は「アメリカ法を基本的に踏まえている」との見解に対し、「アメリカ法から示唆を得たものと考えることは格別、アメリカ法の動向を基本的に踏まえていると評することには疑問があり、むしろアメリカから基本的に逸脱したものと解すべきであろう。アメリカ法では、身体の侵襲により取得される証拠物も捜索押収の対象とされているが、生きている人間の尿道にカテーテルを挿入して採取される尿は、理論的可能性としても、捜索の対象とされていないと思われるからである」と指摘したことがある。

これに対し田宮教授は「いわば〝究極の令状〟ないし〝究極の強制処分〟として、覚せい剤事犯における尿の証拠上の地位にてらし、これを是認しても、適正さを欠くとまでいう必要はない」として同判旨に賛成する。

また昭和五五年決定に関与した団藤重光元最高裁判事は、従前の現場でのトラブルは「この決定が出てからは、ぴたりとなくなって、みんな任意の提出に応じるようになった」として強制採尿令状創出の「政策的意図」を強調していた。しかし、その後も強制採尿の事例はなお稀有とはいえず、また政策論に対しては「判例というものはそういう機能」をせず、ここまで許されると「やってしまう」との指摘がなされていた。そして現に、ポリグラフ検査を拒否する被疑者に対して令状が出た以上拒否はできないとしたうえで尿道に「棒をつっこむこともできる」旨捜査官が居丈高に繰り返していたにもかかわらずこの種の捜査方法は適正手続きに違反しないことを示す証拠として当時の録音テープが検察官によって提出された事例のあることが報告されている。極端な事例かもしれないが、強制採尿肯定論の捜査実務への弊害が如実に示されている一例である。

真の問題は、強制採尿に至る適正手続きの保障ではなくそれ自体がきわどい〝まさにショッキングな〟捜査方法であってもデュー・プロセスに違反しないといえるかにあるにもかかわらず、わが国の学説は総じて、この点を看過している。換言すると、実体的デュー・プロセスからの検討が欠けている。筆者が実体的デュー・プロセスに関するアメリカ判例法の動向を執拗に追求したのはこのためであり、アメリカで強制採尿を肯定した事案が見当たらないのは、ローチン判決に反することが明白であることに由来することを確信するに至ったのである。

筆者は当初から、デュー・プロセスのいわば旗振役であった田宮裕氏が、デュー・プロセス違反が極めて濃厚な強制採尿の適法性をなぜ肯定したのか、その真意を量りかねていた。実体的デュー・プロセスについても、熟知しているはずの同氏がなぜアメリカ法とは似て非なる強制採尿を是認したのかが理解できなかったのである。そして今、「学問の世界に疑いを容れない権威は存在しない」（佐伯千仭氏）という至言を改めて噛み締めている。

ちなみに筆者が三〇年前の米国留学の際に四人のアメリカの研究者にあてた手紙（詳しくは「ニューヨーク日記(2)」名城法学四六巻一号二八六頁以下）でとくに強調したのは、伝聞例外としてのいわゆる共犯者の自白と強制採尿の違憲性の問題であった。そして手紙を投函したそのおよそ一〇日後に一九七五年米連邦証拠規則の第一人者ワインシュタイン判事からのコロンビア大学への客員研究員としての受け入れを推薦する旨の一文にあわせて、感嘆しつつ（with admiration）の自筆入りの著書（Weinstein's Evidence Manual Student Edition）を頂戴した。このことはその後の研究の励みになり、ワインシュタイン判事からは今日に至るまで過分の激励を受け続けている、感謝を込めて記しておく。

終章

本書は、アメリカの関連判例に直接当たり強制採尿の違憲性を筆者なりに論証したものである。引用判例についてはもちろん、事実関係についても判文に直接当たることを鉄則としたため熟していない生硬な部分については諒とされたい。なおロード・デニス著＝児島武雄訳『法の正当な手続』（信山社、一九九二年）はしがきに「正確を期すため逐語訳に終始した。したがって、訳文の生硬な部分があるが諒とされたい」との記述がある。児島武雄元判事の謦咳に接したことを想起しつつ思わず合点した次第である。

アメリカの刑事裁判では、ラニール判決が示しているように、事実関係の描写が詳細かつ実に具体的であるとしても、わが国では不要とする向きもあるかもしれないが、しかしここまで具体的に描写するのはアメリカでは珍しいことではない。そしてそのような具体的な事実が逐一陪審に知らされるのである。また何度も指摘したことだが、〝毒樹の果実〟や〝不可避的発見〟のような判例上確立している専門用語がアメリカの法廷で言及されることも少なくない。わが国のたかだか一〇年の裁判員裁判の歴史と異なり、陪審裁判が建国以来、憲法で保障されているため――アメリカ国民は一生の間に数回陪審員に選出される機会があるという――ラニール判決のような現職の裁判官による稀有な性的犯罪についても陪審が関与するという二百年有余の伝統の重みにあわせて、陪審制度の教育的効果を痛感するのである。

またアメリカでは判決言い渡し後は陪審員は自由に判決内容についても発言できるが、その根底には、早くも一九二五年の段階でデュー・プロセスを介して州に画一的に適用することが確立した、民主社会の要としての第一修正の言論出版（報道）の自由がある。そして言論出版（報道）の自由に関する一九八九年のジョンソン国旗公然焼却有罪違憲判決――『デュー・プロセスと合衆国最高裁Ⅶ（完）』二一三頁以下参照――で法廷意見を執筆したリベラル派の重鎮ブレナン裁判官に、スカーリア、ケネディ両裁判官が同調しているのは誠に象徴的と思われたのである。

アメリカ判例法の体系化自体がいわば自己完結的に有用であるのではなく、あくまでも日本法の解釈運用に資する限りにおいて価値がある。『刑事証拠法解題――証拠法研究第七巻（完）』では刑事証拠法を中心に似て非なる日米の刑事司法についてより具体的かつ詳細に言及しつつ、その問題点を明らかにしたいと考えている。

本書脱稿時の二〇一八年一〇月六日、トランプ大統領が指名したブレット・カバノー連邦控訴裁判事につき米上院（定数一〇〇）は賛成五〇、反対四八の賛成多数で承認し、同判事は即日就任したとの報道（朝日新聞等）に接した。カバノー氏は連邦控訴裁判事時代、銃規制に慎重で、女性の妊娠中絶の権利に否定的など保守的な判断を示してきたため、カバノー氏の最高裁判事の就任により米最高裁の判断が長期にわたり保守化するとの報道がわが国で一般的である。米最高裁での保守派とリベラル派との対立の典型例は、本書で詳論したように、女性の妊娠中絶の権利をめぐるものであり、わが国とは全く異なる、それにもかかわらず、アメリカでの保守派（共和党）とリベラル派（民主党）の対立をそのまま紹介しても生産的でないばかりかミスリードのおそれのあることを強調しておく。本書校正中の本年十一月八日の米中間選挙で共和党は僅差で上院を制したものの民主党は大差で下院を制したため、連邦上下院で多数派が異なる「ねじれ議会」となったとの興味深い報道に接した。又とないこの機会を利用して、証拠法研究第七巻より先に、かねて関心のある「トランプ大統領と法の支配」を上梓することを考えていた。

そのような折も折、本書校了直前の二〇一八年十一月二一日、米連邦最高裁のジョン・ロバーツ長官は、司法批判を繰り返すトランプ氏に対し、「オバマの判事も、ブッシュの判事も、クリントンの判事もない」との異例の反論を公表したとのわが意を得た報道（二〇一八年十一月二三日付朝日新聞）に接した。

また十一月八〜九日各午後五時からNHKテレビで放映されていた一時間番組「NYタイムズ v. 米政権」（前後編）は誠に興味深かった。全く想定外のトランプ大統領当選後の常軌を逸した激しいメディア攻撃に対処する米紙ニューヨーク・タイムズ記者たちの動きを逐一描写したドキュメンタリーあり、思わずニクソン失脚につながったボブ・ウッドワード＝スコット・アームストロン、中村保男訳『ブレザレン――アメリカ最高裁の男たち』（TBSブリタニカ、一九八二年）を想起したことを付言しておく。

State v. Martin, 404 S. 2d 960 (1981)
⑽ ルイジアナ州最高裁マーチン判決 …… 174
State v. Overstreet, 551 S. W. 2d 621 (1977)
(7) ミズーリ州最高裁オヴァストリート判決 …… 169
State v. Richards, 585 S. W. 2d 505 (1979)
(9) ミズーリ州控訴審リチャズ判決 …… 173
United States v. Crowder, 543 F. 2d 312 (1977)
(6) コロンビア地区連邦控訴審クラウダー判決 …… 163
United States v. Lanier, 520 U.S. 259 (1997)
【7】合衆国最高裁ラニール判決 …… 67
Webster v. Reproductive Health Services, 492 U.S. 490 (1989)
【4】合衆国最高裁ウェブスター判決 …… 47
Winston v. Lee, 470 U.S. 753, 105 S. Ct. 1611 (1985)
合衆国最高裁ウインストン判決 …… 181

Cruzan v. Director, Missouri Dept. of Health, 497 U.S. 261 (1990)
【5】合衆国最高裁クルーザン判決 …………………………………… 52
Doe v. State, 409 So. 2d 25 (1982)
(13) フロリダ州控訴審ドウ判決 …………………………………… 176
Graham v. Connor, 490 U.S. 386 (1989)
【8】合衆国最高裁グラハム判決 …………………………………… 117
Griswold v. Connecticut, 381 U.S. 479 (1965)
【2】合衆国最高裁グリスウォルド判決 …………………………………… 30
Harlow v. Fitzgerald, 457 U.S. 800 (1982)
合衆国最高裁ハーロ判決 …………………………………… 110
Hughes v. United States, 429 A. 2d 1339 (1981)
(11) コロンビア地区控訴審ヒューズ判決 …………………………………… 175
Hughes v. State, 466 A. 2d 533 (1983)
(15) メリーランド州最高裁ヒューズ判決 …………………………………… 179
Monroe v. People, 385 U.S. 167 (1961)
合衆国最高裁モンロー判決 …………………………………… 101
People v. Smith, 362 N. Y. S. 2d 909 (1974)
(5) ニューヨーク州中間上訴審スミス判決 …………………………………… 161
Planned Parenthood of Southern Pa. v. Casey, 505 U.S. 833 (1992)
【6】合衆国最高裁ケイシィ判決 …………………………………… 56
Rochin v. California, 342 U.S. 165 (1952)
【1】合衆国最高裁ローチン判決 …………………………………… 25, 150
Roe v. Wade, 410 U.S. 113 (1973)
【3】合衆国最高裁ロウ判決 …………………………………… 33
Schmerber v. California, 384 U.S. 767 (1966)
合衆国最高裁シュマーバ判決 …………………………………… 151
State v. Allen, 291 S. E. 2d 459 (1982)
(12) 南カロライナ州最高裁アレン判決 …………………………………… 175
State v. Lawson, 453 A. 2d 556 (1982)
(14) ニュージャージ州控訴審ローソン判決 …………………………………… 178

Table of Cases

名古屋高判昭和54・2・14判例タイムズ383・156、判例時報939・128 …… 6
東京高判昭和54・2・21判例タイムズ389・153、判例時報939・128 …… 6
大阪地決昭和54・11・22判例タイムズ389・153、判例時報939・135 …… 7
最一小決昭和55・10・23刑集34・5・300、判例タイムズ424・52、判例時報980・17 …… 1

Adams v. State, 299 N. E. 2d 834 (1973)
(2) インディアナ州最高裁アダムズ判決 …… 157
Albright v. Oliver, 510 U.S. 266 (1994)
【10】合衆国最高裁オールブライト判決 …… 126
Allison v. State, 199 S. E. 2d 587 (1973)
(3) ジョージア州控訴審アリソン判決 …… 159
Bloom v. Stankey, 409 N.Y. S. 2d 773 (1978)
(8) ニューヨーク州中間上訴審ブルーム判決 …… 173
Bowden v. State, 510 A. W. 829 (1974)
(4) アーカンサス州最高裁ボウデン判決 …… 160
Chavez v. Martinez, 538 U.S. 760 (2003)
【12】合衆国最高裁チャベス判決 …… 138
Collins v. Harker Heights, 503 U.S. 115 (1992)
【9】合衆国最高裁コリンズ判決 …… 122
County of Sacrament v. Lewis, 523 U.S. 833 (1998)
【11】合衆国最高裁ルイス判決 …… 130
Creamer v. State, 192 S. E. 2d 350 (1973)
(1) ジョージア州最高裁クリーマ判決 …… 156

The Forceful Use of the Catheter to Obtain a Body Fluid and the Substantive Due Process of Law
by Yoshinori Kobayakawa

著者略歴
小早川義則（こばやかわ　よしのり）
1939年　大阪市に生まれる
大阪外国語大学イスパニア語学科卒業後、大阪市立大学法学部を経て、同大学院博士課程退学。その後、名城大学法学部教授、ニューヨーク・ロースクール客員研究員、桃山学院大学法学部教授、名城大学大学院法務研究科教授を歴任。
現　在　名城大学名誉教授

主要著書
共犯者の自白（1990年）、ミランダと被疑者取調べ（1995年）、NYロースクール断想（2004年）、デュー・プロセスと合衆国最高裁Ⅰ～Ⅶ(完)（2006年～2016年）、共謀罪とコンスピラシー（2008年）、毒樹の果実論（2010年）、裁判員裁判と死刑判決［増補版］（2012年）、共犯者の自白と証人対面権（2016年）、ミランダと自己負罪拒否特権（2017年5月）、死刑判決と日米最高裁（2017年12月）、科学的証拠とフライ法則（2018年）、以上、成文堂

強制採尿の違憲性
――証拠法研究第六巻――

2019年２月１日　初版第１刷発行

著　者　小早川　義　則
発行者　阿　部　成　一

〒162-0041　東京都新宿区早稲田鶴巻町514番地
発行所　株式会社　成　文　堂
電話　03(3203)9201(代)　Fax　03(3203)9206
http://www.seibundoh.co.jp

製版・印刷　シナノ印刷　　製本　弘伸製本　　検印省略

ISBN978-4-7923-5266-0　C3032

定価（本体5000円＋税）